HEINZ SPRENGER

DER WAHRE SCHIMANSKI

HEINZ SPRENGER

DER WAHRE SCHIMANSKI

Meine spektakulärsten Fälle
als Duisburger Chefermittler

riva

Bibliografische Information der Deutschen Nationalbibliothek:
Die Deutsche Nationalbibliothek verzeichnet diese Publikation in der Deutschen Nationalbibliografie; detaillierte bibliografische Daten sind im Internet über http://d-nb.de abrufbar.

Die in diesem Buch geschilderten Fälle entsprechen den Tatsachen. Die Namen der genannten Personen wurden anonymisiert. Etwaige Übereinstimmungen oder Ähnlichkeiten wären rein zufällig.

Für Fragen und Anregungen:
info@rivaverlag.de

Originalausgabe
1. Auflage 2017

Nymphenburger Straße 86
D-80636 München
Tel.: 089 651285-0
Fax: 089 652096

Redaktion: Sabine Franke
Umschlaggestaltung: Marc-Torben Fischer, München
Satz: Carsten Klein, München
Druck: GGP Media GmbH, Pößneck
Printed in Germany

ISBN Print 978-3-7423-0106-2
ISBN E-Book (PDF) 978-3-95971-520-1
ISBN E-Book (EPUB, Mobi) 978-3-95971-519-5

Weitere Informationen zum Verlag finden Sie unter
www.rivaverlag.de
Beachten Sie auch unsere weiteren Verlage unter www.m-vg.de

INHALT

VORWORT

Götz George hat in der Rolle des Horst Schimanski einen Ermittler der Kriminalpolizei dargestellt, der seine Arbeit mit Leib und Seele machte. Einen Mann, der vollkommen darauf fokussiert war, seine Fälle zu klären. Eine Person, die sich nicht zuletzt dadurch auszeichnete, dass sie einen absoluten Gerechtigkeitssinn besaß, und die sich infolgedessen auch über zahlreiche Dienstvorschriften hinwegsetzte.

Überträgt man diese Grundmuster nun auf die Realität, dann wird man zu der Erkenntnis kommen, dass es in Deutschland zahlreiche Ermittler wie einen Horst Schimanski gibt. Diese Ermittler sind Leute, die mit ihren Fällen aufstehen und die mit diesen Fällen dann auch wieder in ihr Bett gehen. Denke ich selbst an die Zeit, in der ich Mordkommissionen geleitet habe, dann denke ich damit an eine Zeit, in der ich abends oft nur zum Schlafen nach Hause gekommen bin. Neben meinem Bett auf dem Nachttisch lag dann immer ein Blatt Papier nebst Kugelschreiber, weil ich wusste, ich würde nachts wach werden und an Fakten denken, die ich womöglich tagsüber außer Acht gelassen hatte. Damit diese nächtlichen Gedanken nicht in Vergessenheit gerieten, habe ich sie also direkt aufgeschrieben und konnte dann am nächsten Morgen sofort entsprechend die Arbeit wieder aufnehmen.

Damit will ich vor allem ausdrücken, dass man einer Ermittlung alles andere unterordnet, und wenn ich »alles« sage, dann gilt das nicht zuletzt für soziale Kontakte – es gilt sogar für die eigene Familie. All das wiederum wird im Leben der fiktiven Figur des Horst Schimanski ebenfalls sehr deutlich, und genau das macht ihn für viele Kriminalisten so sympathisch und glaubwürdig – weil es eben eine gewisse Deckungsgleichheit zwischen Fiktion und Realität gibt.

Dass der Name Schimanski Teil des Titels dieses Buches ist, hängt also vor allem damit zusammen, dass sich hinter der Figur Schimanski ein sehr großer Teil Wahrheit verbirgt. Schaut man sich die verschiedenen Schimanski-Verfilmungen einmal an, dann sind darin viele Parallelen zu dem zu finden, was ein Mordermittler tatsächlich erlebt. Ich denke dabei unter anderem an jene Fälle, deren Hintergrund das Rotlicht- oder das Rockermilieu bilden. Hinzu kommen die verschiedenen Ermittlungsbereiche, die in das umliegende Ausland führen. Schimanski war für seine Fälle bekanntlich häufig in den Niederlanden tätig, ich selbst erinnere mich wiederum an mindestens zehn Mordsachen, in denen ich ebenfalls in den Niederlanden ermittelt habe – und dann gab es nicht zuletzt noch jenen Fall, in dem die Kriminalität aus dem europäischen Ausland zu uns nach Deutschland kam. Alles in allem habe ich während meiner 45-jährigen Laufbahn in einer Vielzahl unterschiedlichster Kriminalfälle ermittelt – manche waren spektakulär und machten Schlagzeilen, andere waren einfach nur erschütternd, ohne an die große Öffentlichkeit zu gelangen. Von einigen dieser Fälle möchte ich in diesem Buch erzählen.

DIE MAFIAMORDE VON DUISBURG – TEIL 1: DIE TAT

Wenn ich von Parallelen zwischen den Fällen des Horst Schimanski und meiner beruflichen Realität spreche, dann trifft das in gewissem Maße auch auf den sicherlich aufwändigsten Fall zu, den ich zu bearbeiten hatte. Vielleicht erinnert sich der eine oder andere Leser noch an die 1990 ausgestrahlte Folge »Schimanskis Waffe«. Darin ging es grob gesagt um einen Schusswechsel in einem italienischen Restaurant und um Mafiakiller. Genau mit dieser Kombination sollte ich es fast zwanzig Jahre später ebenfalls zu tun bekommen.

Der reale Fall wurde später unter dem Oberbegriff »Mafiamorde von Duisburg« bekannt und er nahm seinen Anfang in den frühen Morgenstunden des 15. August 2007. Genau in jener Woche hatte ich den Bereitschaftsdienst bei der Mordkommission in Duisburg übernommen – und ich erhielt nun in der Nacht einen Anruf von einem Kollegen des Kriminaldauerdienstes. Es war etwa halb drei am Morgen, als mir dieser Kollege von einer Schießerei in Duisburg berichtete. Die Schüsse sollten im Bereich der Mülheimer Straße gefallen sein, an einem als

Klöckner-Hochhaus bekannten Gebäude. Der Anrufer berichtete mir weiter, man habe inzwischen bereits fünf tote Personen gezählt, eine sechste Person werde derzeit noch reanimiert, habe allerdings kaum Überlebenschancen.

Ich fragte, ob man schon wisse, aus welcher Richtung die Tat gekommen sei, ob also schon eventuelle Hintergründe bekannt seien, was der Anrufer jedoch verneinte. Mein nächster Gedanke war dann einer, der sich schon bald als falsch herausstellen sollte: Ich dachte mir nämlich, ich hätte hier ein Tötungsdelikt eines Einzelnen vorliegen und es sei im Grunde für die Ermittlungsarbeit zweitrangig, ob ich es mit einem oder eben mit mehreren Getöteten zu tun habe. Von den Ermittlungen her macht es keinen Unterschied, sagte ich mir also in meiner anfänglichen Naivität.

Erhält man als Leiter einer Mordkommission eine Nachricht wie in jener Nacht, dann sind ohnehin erst einmal viele verschiedene Einzelheiten zu berücksichtigen, die unabhängig von Faktoren wie der Zahl der Getöteten sind. Ich hatte zu überlegen, welche Leute ich brauchte, welche Kollegen den Tatort abarbeiten sollten, wie viele Kollegen ich für Hausbefragungen benötigte. Ich musste mich mit Fragen beschäftigen wie der, ob es Zeugen des Geschehens gab. Existierten außerdem vielleicht Aufnahmen von Überwachungskameras? Befanden sich in der Nähe Tankstellen, die uns ihr Videomaterial zu Verfügung stellen konnten? Bei diesen möglichen Materialien handelte es sich schließlich um vergängliche Daten, von denen wir wussten, sie würden in der Regel nach gewisser Zeit überspielt oder gelöscht. Also wird meist versucht, möglichst schnell an diese Dinge zu denken, und vor allem das Material dann in die Hände zu bekommen. Das Gleiche gilt für den Bereich der Telekommunikation, die Auswertung der Funkzellen. Dahinter verbirgt sich natürlich die Frage, wer sich zum Tatzeitpunkt mit seinem Handy in der Nähe des Tatortes aufgehalten hat und unter Umständen ein Zeuge sein könnte. All das ging mir sofort durch den Kopf, während ich auf der anderen Seite darüber nachdachte, wen ich nun noch zu benachrichtigen hatte, wer möglichst umgehend von der Tat erfahren musste. Also die Staatsanwaltschaft und die Behördenleitung.

Während ich diese Gedanken dachte, war ich allerdings noch nicht einmal am eigentlichen Tatort. Den sollte ich nach rund acht Minuten Autofahrt erreichen. Vor Ort sah ich zunächst vor allem ein Blaulichtgewirr, außerdem erschien bereits ein von der Feuerwehr angeforderter sogenannter LiMaKw – also Lichtmast-Kraftwagen –, der die gesamte großräumig abgesperrte Szenerie noch einmal deutlich heller ausleuchtete. Außerdem war schon damit begonnen worden, über den Körpern der Toten Pavillons zu errichten. Es war zwar eine sehr warme Augustnacht, doch es war nicht vollkommen klar, wie sich das Wetter entwickeln würde. Natürlich war der Tatort weiträumig mit Flatterband abgesperrt, und zwar aus gutem Grund: Unmittelbar nach mir tauchten bereits die ersten Medienvertreter auf, die über den Polizeifunk von den Geschehnissen erfahren hatten und sich eine große Schlagzeile für den kommenden Tag versprachen. Kurz darauf stellten sie bereits unzählige Fragen, die zu diesem frühen Zeitpunkt allerdings niemand beantworten konnte. Für mich ging es zunächst vor allem darum, die aktuelle Sachlage festzustellen. Inzwischen war die sechste Person trotz aller Reanimierungsbemühungen verstorben.

Darauf folgten nun zunächst einmal Absprachen, wohin wir die Leichen bringen konnten, welche Rechtsmedizin hinzugezogen werden sollte. Als nächster Punkt stand eine Besprechung im Polizeipräsidium Duisburg an, bei der über das weitere Vorgehen in dem Fall beraten werden sollte – dieses Präsidium befindet sich übrigens nur rund tausend Meter Luftlinie entfernt vom Tatort.

Inzwischen hatte ich erfahren, dass die Getöteten auf dem Weg zu ihren Fahrzeugen waren, als das Feuer auf sie eröffnet wurde. Ein erster Gedanke an die Mafia kam bei mir auf, als der Name des italienischen Restaurants »Da Bruno« ins Spiel kam, das im Erdgeschoss des besagten Klöckner-Hochhauses untergebracht war.

Relativ schnell war uns in diesem Fall auch klar, dass es eine Verbindung zu diesem Restaurant gab. Wir haben daher noch in der Nacht Kollegen verständigt, die bei uns im Bereich der organisierten Kriminalität ermitteln. Diese Kollegen wiederum konnten mir sehr schnell bestätigen, dass es sich bei dem Restaurant »Da Bruno« um ein Etablissement handelte, das zur kalabrischen Mafia 'Ndrangheta gehörte – oder vielmehr, dass es Personen gehörte, die der Mafia zuzurechnen waren. Auch wussten wir so recht bald, dass die Opfer möglicherweise ebenfalls diesem Umfeld zuzuordnen waren. Zunächst allerdings handelte es sich bei alldem allein um Hypothesen, die es nun sauber abzuklären galt.

Ich dachte also an tote Italiener, und ich dachte dabei in der Nacht schon an die Mafia – nur hatte ich mich bis zu diesem Zeitpunkt in keiner Weise intensiv mit ebendieser Mafia und speziell der kalabrischen Mafia 'Ndrangheta beschäftigt. Es herrschte bei mir also in diesem Zusammenhang ein wirkliches Informationsdefizit, das ich jedoch in den kommenden Wochen in der Form abbauen sollte, dass ich alles las, was ich zu dem Themenkomplex in die Finger bekommen konnte – nicht zuletzt Berichte von Kollegen, die sich mit der Thematik sehr gut auskannten. Ich habe also versucht, meine Informationslücken so schnell es ging und so gut es ging zu schließen.

Noch ein paar Anmerkungen zum Tatort und dessen Umfeld: Neben dem Restaurant »Da Bruno« befindet sich ein weiteres Gebäude, das sogenannte »Fernmeldehaus«. Zu diesem Haus gehört eine größere Durchfahrt, in der die zwei Fahrzeuge geparkt waren, in denen die Opfer gesessen hatten. Bei dem einen Fahrzeug handelte es sich um einen Lieferwagen der Marke Opel, der dem »Da Bruno« zuzuordnen war, denn er gehörte Sebastiano S., dem Wirt des »Da Bruno«. Ebenfalls in der Durchfahrt stand ein schwarzer VW Golf mit Pforzheimer Kennzeichen. Dieser Golf war ein Mietwagen, der von einem der Erschossenen, einem Mann namens Marco M., angemietet worden war.

Was tatsächlich in dieser Nacht an diesem Ort geschehen war, das wussten wir so kurz nach der eigentlichen Tat natürlich noch nicht, doch wir konnten diese Tat schließlich sehr genau rekonstruieren: Die späteren Opfer haben in der Nacht um 2.20 Uhr gemeinsam das Lokal »Da Bruno« verlassen, sie haben das Restaurant auch noch abgeschlossen. Dann sind diese insgesamt sechs Männer zu den zwei abgestellten Fahrzeugen gegangen.

Die Identität der Getöteten konnte bald ermittelt werden. Wir hatten Sebastiano S., den Besitzer und Wirt des »Da Bruno«. Bei zwei weiteren Opfern, zwei Brüdern, handelte es sich um Beschäftigte aus dem »Da Bruno«. Das vierte Opfer war der schon erwähnte Marco M., ein sehr korpulenter Mann, der in Italien den Ruf eines Auftragsmörders innehatte. Neben diesen vier Männern zählten zu den Toten zwei Personen, die sich am besten als Randfiguren beschreiben lassen: der erst 16-jährige Francesco G. sowie der 18-jährige Tommaso Francesco V.

Wie sich bald herausstellen sollte, handelte es sich bei Francesco G. um das Patenkind des »Da Bruno«-Inhabers Sebastiano S. Wie schon früher half er in diesem Sommer während der Ferien im Betrieb seines Onkels. Francesco G. lässt sich aufgrund seines Alters sicherlich nicht dem festen Kern der 'Ndrangheta zuordnen. Anders sah es bei dem getöteten Tommaso Francesco V. aus, der spätestens an seinem Todestag auf dem besten Weg dahin gewesen war. Denn dieser Tag war gleichzeitig sein Geburtstag, an dem er in die 'Ndrangheta aufgenommen werden sollte – wofür wir später noch Beweise finden würden.

Diese sechs Personen gingen in der Tatnacht also zu den zwei abgestellten Fahrzeugen. In dem Moment allerdings, als sie die Motoren starten wollten, traten die Täter von der linken Seite an die Fahrzeuge heran und eröffneten das Feuer. Sie erschossen alle Personen, die in den beiden Autos Platz genommen hatten. Jedes der Opfer wies neben Körpertreffern Kopfschüsse auf – keiner der Männer hatte eine Überlebenschance. Wir konnten zudem ermitteln, dass für die Tat zwei italienische Beretta-Pistolen zum Einsatz gekommen waren – dabei handelte es sich um Pistolen des Modells 93R. Das R steht im Italienischen für *Raffica*, übersetzt also »Feuerstoß« oder »Garbe«. Von diesem Waffenmodell sind Zigtausende Exemplare produziert und in die ganze Welt verkauft worden. Ein wichtiges Merkmal dieser Pistole besteht darin, dass sie mit Großraummagazinen ausgestattet werden kann, die dreißig Schuss umfassen. Diese Magazine können wie bei einer Maschinenpistole im Dauerfeuer verschossen werden.

Wir konnten weiterhin ermitteln, dass einige der Täter mit einem Fahrzeug des Typs Renault Clio zum Tatort gefahren und mit diesem dann wieder in Richtung eines großen Kinokomplexes geflüchtet waren. Noch in der Tatnacht durchgeführte Befragungen von Passanten und Zeugen ergaben, dass weitere Täter mit einem anderen Wagen in Richtung des Autobahnkreuzes Kaiserberg gefahren waren.

Noch etwas ist zu erwähnen: Unmittelbar nach der Tat ging ein erster Anruf bei der Polizei ein. Dieser Anruf stammte von einer jungen Frau, die auf der anderen Straßenseite unterwegs gewesen war und der dann auf der Höhe des Tatortes plötzlich zwei Gestalten entgegenkamen. Diese beiden Personen hatten rund zehn Meter vor ihr die Straßenseite in Richtung Tatort gewechselt, die junge Frau setzte ihren ursprünglichen Weg fort. Kurze Zeit später hörte sie Geräusche, die sie an das Knattern von Silvesterböllern erinnerten, die sie aber zunächst gar nicht als Schüsse identifizierte. Trotzdem wechselte die Frau daraufhin die Straßenseite und schaute nach. Sie entdeckte die Autos, die mit zerschossenen Scheiben auf ihren Parkplätzen standen.

Sie rief sofort die Polizei, und umgehend wurden die Einsatzkräfte in Richtung des Tatortes entsandt. Alle verfügbaren Fahrzeuge haben sich also zum Tatort bewegt, nur hat man in dieser angespannten und überraschenden Situation eine Sache unterschätzt: dass nämlich so unmittelbar nach der Tat noch Fahrzeuge unterwegs sein könnten, die sich vom Tatort wegbewegen – also den Einsatzwagen entgegen. Natürlich ist es im Nachhinein immer leicht, zu sagen, in jener Nacht hätte einiges anders laufen können oder müssen. Und es ist auch leicht, den in der Nacht eingesetzten Beamten irgendwie geartete Versäumnisse vorzuwerfen. All das will ich nicht tun, ich möchte nur völlig wertfrei einen Fakt erwähnen: Während sich der schon erwähnte Renault Clio mit einigen der Täter vom Tatort entfernte, preschte an ebendiesem Auto ein Streifenwagen mit Blaulicht vorbei, dessen Besatzung zu dieser Zeit und in dieser Situation keinerlei Verdacht schöpfte. Alle Kräfte der Schutzpolizei bewegten sich im Grunde sternförmig zum Tatort. Manche wollten womöglich einfach einmal einen Tatort mit derart vielen Leichen sehen – nur waren sie eben davon so abgelenkt, dass sie gar nicht mehr auf wegfahrende Fahrzeuge achteten. Ein Kollege konnte sich hinterher nur an den Kopf fassen, weil er zu der Streifenwagenbesatzung gehörte, die den besagten Clio in der Nacht gesehen hatte. Man kann dieses Versäumnis aber natürlich noch ganz anders sehen: Vielleicht war es in jener Nacht einfach Glück für die Beamten, dass sie so handelten, wie sie gehandelt haben – sonst hätten wir womöglich neben den sechs Toten aus dem »Da Bruno« noch erschossene Polizisten zu beklagen gehabt.

Wie auch immer – wir konnten im Rahmen unserer Ermittlungen bald einen Zeitungsboten finden, der in der Nacht unterwegs gewesen war. Dieser Zeitungsbote hatte von den Schüssen nichts gehört und teilte gerade Zeitungen in einer Nachbarstraße aus, als er zwei Personen auf ein Fahrzeug zulaufen sah, das in einer Parkbucht am Straßenrand stand. Der Bote schaute sich die beiden Personen an und bekam darauf in gebrochenem Deutsch die Frage zugerufen: »Was guckst du?!« – worauf der Bote erklärte, er verteile nur Zeitungen. Die Männer bestiegen daraufhin zügig das Auto und fuhren mit quietschenden Reifen die Einbahnstraße entgegen der Fahrtrichtung davon. Danach waren und blieben sie verschwunden. Das war für uns ein Indiz dafür, dass wir vermutlich von zwei Fahrzeugen auszugehen hatten, deren Insassen an der Tat beteiligt waren. Nach den Angaben des Zeitungsboten konnte später ein Montage- beziehungsweise Phantombild eines der mutmaßlichen Täter gefertigt werden, das wir für unsere Fahndung nutzten. Doch bis zur vollständigen Lösung dieses aufsehenerregenden Falles sollte noch eine sehr lange Zeit vergehen.

DIE ANFÄNGE: DER KANNIBALE VON DUISBURG

Hätte jemand mir zu Beginn meiner Laufbahn gesagt, ich würde einmal in einem Fall wie den Mafiamorden von Duisburg ermitteln, ich hätte ihn vermutlich für verrückt erklärt. Tatsächlich aber stand schon am Anfang dieser Laufbahn ein aufsehenerregender Fall – allerdings einer, in den ich im Grunde gar nicht selbst involviert war, der mich und vor allem meine Arbeit jedoch trotzdem sehr stark geprägt hat. Es handelt sich um den Fall eines Mannes, der bundesweit als »Kannibale von Duisburg« für Schlagzeilen gesorgt hatte. Dieser Mann trug den bürgerlichen Namen Joachim Kroll. Er hatte in den gut zwanzig Jahren von 1955 bis 1976 mindestens acht Menschen ermordet und sie anschließend teilweise verzehrt. Die genannte Zahl an Morden umfasst jedoch nur jene Fälle, die ihm tatsächlich nachgewiesen werden konnten. Nach Angaben des ehemaligen Kriminalhauptkommissars Bernd Jägers kam Kroll für insgesamt zwanzig bis dreißig Morde als Täter in Frage.

Um sich ein Bild von Joachim Kroll machen zu können, ist es ausreichend, wenn ich über jenen Fall berichte, der schließlich zu seiner Festnahme führte: Im Sommer 1976 wurde die vierjährige Tochter eines Duisburger Ehepaares vermisst. Das Kind wollte nur kurz zum Spielen aus dem Haus, blieb dann aber verschwunden. Eltern und Bekannte suchten stundenlang ergebnislos nach der kleinen Marion, die Polizei setzte Hunde und Hubschrauber ein, fand das blonde Mädchen jedoch ebenfalls nicht.

Bei den Ermittlungen stieß man bald auf einen nur scheinbar nebensächlichen Vorfall in einem Nachbarhaus der Familie. Dort war nämlich seit Tagen eine der Etagentoiletten verstopft. Ein Bewohner des Hauses erzählte Polizeibeamten, sein Nachbar, ein gewisser Joachim Kroll, habe darum gebeten, die Toilette vorerst nicht zu benutzen – er habe nämlich ein Kaninchen geschlachtet und mit dessen Eingeweiden wohl versehentlich das Klo verstopft. Die Beamten suchten zu diesem Zeitpunkt ein vierjähriges Mädchen, das seit einigen Tagen in der Nachbarschaft von Kroll als vermisst gemeldet worden war. Da ihnen das verstopfte Klo verdächtig vorkam und sie die Geschichte mit dem Kaninchen nicht glaubten, beauftragten sie einen Klempner, der die Ursache der Verstopfung herausfinden sollte. Dieser fand tatsächlich Eingeweide, die den Abfluss verstopften – allerdings vermutlich die eines kleinen Menschen.

Darauf angesprochen, bat Kroll die Beamten in seine Wohnung und sagte ihnen, sie sollten doch einmal in seiner Tiefkühltruhe nachschauen. Darin fanden sich, säuberlich verpackt in Plastiktüten, gefrorene Stücke Menschenfleisch. Auf Krolls Herd köchelte derweil eine Brühe mit Möhren und Kartoffeln, in der eine kleine Menschenhand schwamm. Kaum verwunderlich, dass Kroll daraufhin wegen Mordverdachts festgenommen wurde.

Das alles trug sich also im Jahr 1976 zu – damals war ich gerade einmal fünf Jahre bei der Polizei, befand mich also quasi noch in der Ausbildung. Aber natürlich interessiert sich so ein junger Polizeibeamter auch dafür, was aktuell in der Welt geschieht, und ich habe die Geschichte wie unzählige andere Menschen sehr intensiv in der Presse verfolgt. Es sollte noch eine Weile dauern, doch später bekam ich die Gelegenheit, mit jenen Menschen zu arbeiten, die Joachim Kroll vernommen hatten – vor allem eben Bernd Jägers und Gerd Ommer. Mit diesen Kollegen arbeitete ich zusammen in einem Kriminalkommissariat, und gerade als junger Beamter versucht man sich natürlich ein wenig zu orientieren. Das gilt insbesondere, wenn man solche Kollegen um sich weiß, die mit einer absoluten Professionalität an die Vernehmung eines mutmaßlichen Serienmörders herangegangen sind. Diese Männer haben ihre eigenen Gefühle und Befindlichkeiten vollkommen ausblenden können, und sie konnten so einem Joachim Kroll das Gefühl vermitteln, sie würden ihn nicht verurteilen. Sie zeigten, dass sie ihn als Menschen akzeptierten, was dann schließlich dazu führte, dass Kroll umfassende Aussagen machte. Das ging so weit, dass der Täter bereit war, im Rahmen von Rekonstruktionen einige Taten für das Gericht noch einmal darzustellen.

Die Kollegen hatten also große Fähigkeiten hinsichtlich ihrer Vernehmungstechniken, und vor beiden kann man heute noch den Hut ziehen. Ich selbst habe von Bernd Jägers und Gerd Ommer in meiner Anfangszeit bei der Kriminalpolizei sehr stark profitiert. So habe ich in jungen Jahren mit beiden erste Vernehmungen durchführen dürfen – dabei merkte ich dann recht schnell, worauf es bei Vernehmungen ankommt und welche Fehler man nicht machen sollte. Ich lernte außerdem, wirklich die Wahrheit aus den zu vernehmenden Personen herauszuholen – vor allem das, was wir als Polizeibeamte »Täterwissen«

nennen. Also jene Fakten, die außer dem tatsächlichen Täter niemand kennen kann und die dann sehr gut eine Beweisführung vor Gericht unterstützen beziehungsweise ergänzen.

Grundsätzlich gilt, dass ein Polizeibeamter immer sehr gut beraten ist, wenn er seine Fälle bis zu besagter Gerichtsverhandlung weiterdenkt. Denn ich muss mir immer überlegen, welche Beweisanträge ein Verteidiger eventuell stellen könnte, um bestimmte Fakten zu widerlegen. Wenn – gerade im Bereich von Tötungsdelikten – unsauber gearbeitet wurde oder wenn unsaubere Vernehmungsmethoden angewendet wurden, dann kann so etwas zu einem sogenannten Verwertungsverbot vor Gericht führen, die Fakten und Erkenntnisse sind also quasi wert- beziehungsweise bedeutungslos. Das aber sind Dinge, die nicht geschehen dürfen und die einem professionellen Ermittler auch nicht passieren.

Auch wenn ich schon früh mit diesen vorbildlichen Ermittlern und ihrer Arbeit in Berührung kam, habe ich damals freilich noch nicht ahnen können, dass ich selbst ein rundes Jahrzehnt später tatsächlich in diesem Bereich arbeiten würde.

DER SERIENMÖRDER, DER ZU FRÜH STARB

Der Fall des Joachim Kroll sollte nicht mein einziger Berührungspunkt mit dem Phänomen des Serientäters bleiben. Ich erinnere mich in diesem Zusammenhang etwa an den Fall eines ermordeten Mädchens, bei dem sich herausstellte, dass der Täter noch acht weitere Mädchen und Frauen vergewaltigt hatte – was jedoch erst nach dem Tod der Elfjährigen ermittelt werden konnte. Es gab aber auch Fälle, in denen sich Parallelen zu Serienmorden fanden und die sich schließlich in der Tat als Teil einer Serie von Morden erweisen sollten. Ich denke dabei an einen Fall aus dem Jahr 1999, als in einem Waldgebiet abgetrennte Körperteile eines Menschen gefunden wurden. Dieser Fall ist aus dem Grund besonders interessant, weil der daraufhin verhaftete Verdächtige während seiner Haftzeit im Schlaf sprach und dabei Hinweise auf weitere Morde gab.

Aber beginnen wir mit dem Anfang. Es ist so, dass man als Ermittler in solch einem Fall erst weiterkommt, wenn es einem gelingt, die Person zu identifizieren, zu der die Körperteile gehören. Allein mit Körperteilen, in diesem Fall handelte es sich um Teile einer Hand, kann ein Ermittler im Grunde gar nichts anfangen.

Wir hatten jedoch Glück: Über einen Abgleich der Fingerabdrücke im AFIS-System (Automatisiertes Fingerabdruck-Identifizierungs-System) stellte sich heraus, dass die Hand zu einer Person aus Duisburg gehörte. Diese Person war vorbestraft, was erklärt, warum wir bereits über die Fingerabdrücke verfügten. Daraufhin haben wir uns dann mit den Fragen beschäftigt, wo die besagte Person zuletzt wohnte und ob jemand diese Person vermisst gemeldet hatte. Daraus ergab sich eine Spur zu einem älteren Mann aus Duisburg, der angeblich zuvor mit dem offensichtlich getöteten Mann zusammengelebt hatte. Zusätzlich stellte sich heraus, dass die Hand nach Auskunft der Rechtsmediziner offenbar vital abgetrennt worden war – der Mensch hatte zu diesem Zeitpunkt also noch gelebt.

Bei der Person, die mit dem Vermissten vermutlich zusammengelebt hatte, handelte es sich um einen im Jahr 1932 geborenen Mann. Es stellte sich heraus, dass dieser zum damaligen Zeitpunkt also nicht mehr junge Mann über eine Schubkarre und über eine Baumsäge verfügte. Daneben besaß er ein Auto, an dem sich, wie an der Schubkarre und der Baumsäge, DNA-Spuren des Opfers befanden.

Der Verdächtige war eine recht interessante und auffällige Erscheinung. Die meisten älteren Erwachsenen unter den Lesern werden sich noch an den Schauspieler und Sänger Johannes Heesters erinnern, der 2011 im Alter von sagenhaften 108 Jahren verstarb. Zu Heesters Markenzeichen zählte unter anderem ein Schal, den er eigentlich immer trug und der für eine gewisse Eleganz stand. Ob der Verdächtige sich von Heesters inspirieren ließ, ist zwar nicht bekannt, doch er trug ebenfalls ständig einen solchen Heesters-Schal um den Hals – allerdings ein immer leicht verschmutztes weißes Exemplar. Er war außerdem sehr redegewandt, trat im Grunde auf wie Graf Rotz – und brachte am Ende jeden Vernehmer an den Rand der Verzweiflung.

Im Laufe seines Lebens hatte dieser Mann unter anderem eine Gaststätte betrieben und ein so großes Vermögen angehäuft, dass ihm ein Mehrfamilienhaus gehörte, in dem Wohnungen vermietet waren und in dem er selbst ebenfalls wohnte. Für uns stand fest: Dieser Mann musste etwas mit dem Fall zu tun haben. Die Beweislast und die vorhandenen Indizien waren erdrückend.

Wir haben ihn schließlich als Beschuldigten vernommen – nur sagte er nie etwas zu der eigentlichen Tat. Trotzdem wurde er letztlich wegen Mordes zu einer lebenslangen Haftstrafe verurteilt.

Interessant war an diesem Fall jedoch nicht zuletzt der Umstand, dass der Beschuldigte, während er sich vor seiner Verurteilung in Untersuchungshaft befand, wie bereits erwähnt laut im Schlaf sprach. Er berichtete in diesen nächtlichen Äußerungen von der Tötung einer weiteren Person. Wir erfuhren davon durch einen Mitgefangenen, der uns über diese Vorfälle informierte – allerdings nicht aus Liebe zur Wahrheit, sondern vor allem, weil er sich davon Vorteile für seine eigene Situation erhoffte.

Wir haben vor dem Hintergrund dieser Informationen weiter ermittelt und dabei festgestellt, dass der in Haft befindliche Mann vor dem Verschwinden seines mutmaßlich letzten Mitbewohners in der Vergangenheit mit weiteren Personen zusammengewohnt hatte, die von einem Tag auf den nächsten spurlos verschwunden waren. Dabei handelte es sich um einen Mann und um eine Frau, die jeweils bei ihrem Verschwinden ihre persönlichen Sachen zurückgelassen hatten.

Dazu befragt, merkte man dem Mann zwar an, dass er wahrscheinlich etwas verbarg. Doch ließ er letztlich bei den Vernehmungen alle Fragen an sich abperlen. Selbst bei nachweisbaren Fakten schaffte es der Mann, einen vollkommen überraschten Eindruck zu machen. Wir überlegten also, wie wir an ihn herankommen könnten, und vor allem, wie wir dem Mann die weiteren mutmaßlichen Morde nachweisen könnten. Unsere Arbeit wurde zusätzlich noch dadurch erschwert, dass der Mann in der Vergangenheit umgezogen war, und nicht nur das: Die vorherige Wohnung, in der die früheren Morde stattgefunden haben mussten, war inzwischen abgerissen worden – an ihrer Stelle stand mittlerweile eine Fabrik. Ganz abgesehen davon bestand für uns ja noch ein weiteres Problem: Wir hatten zu diesen mutmaßlichen Tötungen zwar Aussagen eines Mitgefangenen, was wir jedoch nicht hatten, das waren die Leichen.

Trotzdem wollten wir an dem Fall und damit an dem Mann dranbleiben. Dieses Dranbleiben bestand zunächst vor allem darin, dass ich versuchte, einen verdeckten Ermittler in die Haftanstalt und die Zelle des Mannes zu bringen, der dort versuchen sollte, entweder etwas von den Traumerzählungen mitzukommen oder eine Vertrauensbasis aufzubauen, um auf diesem Weg an Informationen zu kommen. Bevor wir das jedoch verwirklichen konnten, kam uns eine Entscheidung des Bundesgerichtshofes dazwischen. Diese Entscheidung verbot den Einsatz von verdeckten Ermittlern in Gefängniszellen. Daraus gewonnene Erkenntnisse fielen ab sofort unter das Verwertungsverbot. Die Idee war für uns also nicht mehr umsetzbar.

Es blieb uns nur noch eine Möglichkeit, der Wahrheit auf die Spur zu kommen: Wir mussten abwarten, bis der Mann seine Strafe abgesessen hätte und wieder entlassen würde. Denn für einen Angehörigen und auch für den Leiter einer Mordkommission ist ein ungelöster Fall durch solche äußeren Umstände wie eine lange Haftstrafe niemals erledigt. Derartige Fälle oder eben Täter werden weiter im Auge behalten. Gerade wenn man es wie in diesem Fall mit möglichen weiteren Tötungen zu tun hat – dann gibt man die Ermittlungsakten nicht einfach ab, sondern behält zumindest die Drittschriften in seinem Büro. Findet sich die Zeit, versucht man derartige Fälle auszuermitteln.

Bis das in diesem Fall so weit war, sollte es allerdings zehn Jahre dauern. Auch nach dieser langen Zeit hatten wir den Fall und damit den Mann nicht vergessen. Vielmehr setzten wir nach der Haftentlassung unseres Tatverdächtigen nun einen Kollegen auf ihn an, der das Vertrauen des Mannes gewinnen sollte. Dieses Verhältnis wurde über einen längeren Zeitraum aufgebaut: Man lernte sich zunächst in einer Trinkhalle kennen, bald erledigte der Kollege dann bereits gewisse Dinge für den Mann. Die Vertrauensarbeit war wie gesagt langfristig angelegt, sie funktionierte auch, und schließlich wähnten wir uns tatsächlich kurz vor dem Ziel. Nun allerdings starb der mutmaßliche Mehrfachmörder oder womöglich Serienkiller eines natürlichen Todes. Das bedeutete, dass all unsere Bemühungen zur Aufklärung von mindestens zwei weiteren Morden hinfällig waren. Vom Gefühl her waren alle an den Ermittlungen beteiligten Kollegen überzeugt, der nun Verstorbene sei auch für den Tod der mindestens zwei anderen Menschen verantwortlich gewesen. Wir gingen davon aus, dass er deren Leichen ebenfalls zerstückelt und beseitigt hatte, so dass die Leichenteile nie wieder aufgetaucht waren. Denn auch von dem Opfer, dessen Hand wir gefunden hatten, sind nie weitere Körperteile aufgetaucht.

ALTE DNA, UNGELÖSTE FÄLLE UND EIN NSU-VERDACHT

Dass ein Fall auch nach Jahren noch verfolgt wird, ist übrigens keine Ausnahme. Denn die Kriminaltechnik entwickelt sich schließlich immer weiter und sie eröffnet damit auch neue Möglichkeiten. Als etwa im Bereich der DNA-Analytik Durchbrüche erzielt wurden, haben wir uns Altfälle aus den Sechziger- oder Siebzigerjahren noch einmal vorgenommen. Und zwar jene Fälle, von denen wir wussten, dass seinerzeit Spurenträger sichergestellt werden konnten. Diese alten Spurenträger haben wir erneut zur Untersuchung an das Landeskriminalamt gegeben. Die Hoffnung bestand natürlich darin, dass sich auf den Trägern tatsächlich DNA-Spuren befinden könnten und sich bei einem Abgleich mit der Täterdatei Treffer erzielen lassen würden.

Dass wir als Kriminalbeamte an Fällen auf diese und andere Weise immer dranbleiben, hat auch dazu geführt, dass ich persönlich in meiner langen Zeit in der Mordkommission nicht mehr als zwei vollendete Tötungsdelikte und ein versuchtes Tötungsdelikt hatte, die nicht geklärt werden konnten. Diese Fälle aber habe ich heute noch in meinem Kopf.

Würde mich ein Kollege aktuell zu diesen Fällen befragen, dann könnte ich sie quasi noch einmal abspulen, und ich weiß auch sehr genau, auf welche Fakten es jeweils wirklich ankommt. Es handelt sich dabei um Fälle, bei denen ich sogar weiß, wer die Täter sind – in denen ich genau das aber nicht beweisen konnte.

In einem dieser Fälle ging es um einen erschossenen türkischen Staatsbürger. Aufgrund früherer Aussagen wussten wir, dass der eigene Schwiegersohn den Mann hatte umbringen wollen. Über die beabsichtigte Tötung hatte dieser sich auch anderen gegenüber geäußert. Nur konnten wir es ihm eben nie beweisen.

In einem anderen Fall ging es um eine Rentnerin, die in ihrer Wohnung erschlagen wurde. Ihre Leiche wurde in der Badewanne gefunden, und zwar aufgebahrt und zugedeckt. Man spricht bei solchen Fällen von einer emotionalen Wiedergutmachung – der Täter verspürte also ein Gefühl der Verbundenheit zum Opfer oder Reue und wollte die Tat durch eine solche symbolische Handlung im Grunde ungeschehen machen – was am Ende für eine Beziehungstat spricht.

Tatsächlich haben wir nach der Tat einen Verdächtigen ermitteln können. Dabei handelte es sich um einen eifersüchtigen Mann, der sich ebenfalls im Rentenalter befand. Dieser Mann war sozusagen hinter der verwitweten Frau her. Er gebärdete sich dabei fast schon wie ein Stalker, und es war ihm zuwider, beobachten zu müssen, wie die Frau einfach tat, was sie tun wollte.

Im Rahmen der Ermittlungen haben wir natürlich den Tatort untersucht. Dabei stellten wir fest, dass verschiedene Gegenstände in der Wohnung angefasst worden waren, um die Leiche in die Badewanne zu legen. Unter anderem galt das für eine Duschabtrennung, die zur Seite geschoben werden musste. Im oberen Bereich dieser Abtrennung konnten wir die DNA des Mannes feststellen.

Der Mann wurde schließlich vernommen – ohne ihm allerdings zu sagen, welche Spuren wir bereits gefunden hatten. Eine übliche kriminalistische Vorgehensweise. Wir wollten von ihm in erster Linie wissen, in welchen Teilen der Wohnung er sich bereits aufgehalten hatte und was er dort angefasst hatte. Bei allen Vernehmungen und sogar in Beisein seines Rechtsanwaltes bestand der Mann darauf, er habe sich bestenfalls einmal für eine Tasse Kaffee in der Wohnung aufgehalten. Er sei wohl auch einmal auf der Toilette gewesen, habe jedoch niemals Gegenstände im Bereich der Badewanne berührt. Das wiederum führte zu einer Anklage gegen den Mann und auch zu einem Prozess vor dem Landgericht.

Der Sachbeweis in Form der DNA-Spuren lag also vor, jedoch hatte sich der Anwalt des Mannes die Akten des Falles noch einmal vorgenommen. Mit der Folge, dass der Anwalt an einem Verhandlungstag schließlich erklärte, seinem Mandanten sei inzwischen eingefallen, er wäre vor längerer Zeit einmal von der Ermordeten mit der Bitte angesprochen worden, er möge doch die Duschabtrennung reparieren.

Für uns als Ermittler war die Sache natürlich vollkommen klar: Da hat sich jemand den Sachbeweis passend gemacht. Denn der Mann pflegte bekanntlich Kontakt zu der Frau, und er galt somit auch als ein »berechtigter Spurenleger«, wie so etwas bei uns heißt. Mit berechtigter Spurenleger ist jemand gemeint, der sich an einer Örtlichkeit aufhalten darf und der in diesem Zusammenhang jederzeit erklären kann, warum seine Spur (Fingerabdrücke/DNA u.a.) an dem Tatort zu finden ist.

Dies erschwert natürlich die Beweisführung vor allen Dingen dann, wenn sich hinter einer solchen Person der Täter verbirgt.

Meine Kollegen und auch ich sind bis heute der Überzeugung, dieser Mann war der Täter. Nur muss sich eine solche Überzeugung eben auch vor Gericht beweisen lassen. Der Richter muss im Rahmen der Beweisaufnahme zu der Überzeugung gelangen, in dem Prozess tatsächlich den wahren Täter vor sich zu haben. In diesem Fall musste der Richter jedoch sagen: »Im Zweifel für den Angeklagten« – was dann das Ende des Falles bedeutete. So funktioniert nun einmal unser Rechtsstaat, und wir haben das zu akzeptieren.

Bei dem dritten Fall, den ich nicht aufklären konnte, handelte es sich um die versuchte Tötung eines Gastwirtes. Dieser war gegen zwei Uhr morgens in Begleitung einer Bekannten aus seinem Lokal gekommen. Beide setzten sich in das Auto des Wirtes, doch genau in dem Moment, als der Mann den Wagen startete und zurücksetzen wollte, fiel ein Schuss, der den Oberarm des Wirtes regelrecht zerschmetterte – was allerdings noch Glück im Unglück bedeutete. Denn im Moment des Zurücksetzens war dem Wirt eine Zigarettenschachtel auf den Boden gefallen, nach der er sich umgehend gebückt hatte. Hätte er sich in diesem Augenblick nicht gebückt, wäre er von dem Schuss tödlich in die Brust getroffen worden.

Was an dem Fall besonders interessant ist, das ist die Art der verwendeten Waffe. Dabei handelte es sich nämlich nicht um eine herkömmliche Pistole oder ein Gewehr. Verschossen wurde die Munition vielmehr über einen selbstgebauten Schussapparat.

Um die genauen Umstände zu verstehen, ist es ratsam, sich den Tatort einmal vor Augen zu führen. Der türkischstämmige Gastwirt hatte seinen Wagen auf einem Privatparkplatz an einer Begrenzungsmauer nahe einem Bahnhof abgestellt. Diese Mauer hatte eine Höhe von rund vier Metern, darauf wiederum hatten der oder die Täter die Selbstschussanlage installiert. Bei dieser Anlage handelte es sich um ein Vorderladerrohr der Marke Eigenbau, das an einem Steinblock befestigt war. Dieses Rohr war so positioniert, dass die Mündung exakt auf die Frontscheibe des geparkten Fahrzeugs zeigte. Zudem hatten der oder die Täter den Auslösemechanismus über eine Angelschnur mit dem Scheibenwischer am Wagen des Wirtes verbunden. Während des Zurücksetzens sollte dieser Mechanismus also den Schuss auslösen, was ja auch gelang.

Diese Konstruktion hatte aus Sicht des Täters oder der Täter nicht zuletzt den großen Vorteil, zum Zeitpunkt der Tat persönlich gar nicht vor Ort sein zu müssen. Würde tatsächlich jemand ermittelt und auch dessen Alibi für den Zeitpunkt der Schussabgabe überprüft, dann würde das sicherlich weit weg vom Tatort führen. Hinzu kam für uns noch, das wir bei einem weiteren Umstand großes Pech hatten: Es hatte nämlich am Tattag im Dezember 2003 extrem stark geregnet – und Feuchtigkeit beziehungsweise Nässe sind die natürlichen Feinde der DNA-Spuren. Vor Ort waren also die DNA-Spuren weitgehend zerstört worden, und wir konnten in dieser Hinsicht kaum etwas sichern.

Zu den Anhaltspunkten, die unseren Ermittlungen seinerzeit eine Richtung gaben, zählte der Umstand, dass derartige Schussapparate vor der deutschen Wiedervereinigung im Bereich der innerdeutschen Grenze genutzt worden waren. Doch letztlich brachte auch das die Ermittlungen nicht voran. Ebenso wenig wie die Person des Opfers, das mit Geld- und Frauengeschichten und noch weiteren Begebenheiten gleich ein ganzes Bündel an möglichen Motiven für eine solche Tat aufbot.

Nach rund acht Wochen waren wir gezwungen, unsere Ermittlungen nur noch auf Sparflamme weiterzuführen.

Trotzdem habe ich auch diesen Fall nicht abgegeben oder irgendwo quasi verschwinden lassen, ich habe ihn vielmehr auf meinem Schreibtisch behalten. Und ich habe immer wieder nach neuen Ansatzpunkten zur Aufklärung gesucht. Jahre später kam dann das Thema des Nationalsozialistischen Untergrundes (NSU) an die Öffentlichkeit: Im Fokus der beiden Haupttäter Uwe Mundlos und Uwe Böhnhardt standen bekanntlich ebenfalls türkischstämmige Geschäftsleute und Gastwirte.

Ich habe mich daraufhin umgehend mit dem Bundeskriminalamt in Verbindung gesetzt und dort darauf hingewiesen, der Fall des angeschossenen Gastwirtes aus Duisburg müsse im Zusammenhang mit dem NSU unbedingt noch einmal überprüft werden. Denn es war so, dass unsere Ermittlungen an allen Enden ins Leere gelaufen waren. Nun war jedoch die Rede davon, dass in der Wohnung der NSU-Terroristen ein vergleichbarer Schussapparat aufgefunden worden war. Außerdem gab es auf unserer Seite Hinweise darauf, dass es sein konnte, dass der in Duisburg genutzte Schussapparat zuvor schon mehrfach verwendet worden war. Letzten Endes wurde jedoch auch bei dieser Überprüfung kein zweifelsfreies Ergebnis erzielt.

Ich selbst kann bis heute nicht hundertprozentig ausschließen, dass es zwischen dem Fall beziehungsweise der Tat in Duisburg und dem NSU Übereinstimmungen beziehungsweise Überschneidungen gibt. Allerdings – und das gebe ich offen zu – fehlt mir auch das Wissen, ob Böhnhardt und Mundlos zu jener Zeit überhaupt in Duisburg gewesen sein können.

EIN MORD OHNE LEICHE – MIT LEICHE

Ich habe schon davon gesprochen, wie schwierig es ist, einen Fall bis zu einer Gerichtsverhandlung zu bringen, etwa wenn es um einen mutmaßlichen Mordfall geht, in dem es keine Leiche gibt. Tatsächlich erinnere ich mich an einige Fälle, in denen zunächst keine Leiche auffindbar war und in denen es nichtsdestotrotz zu einer Anklageerhebung kam. In einem dieser Fälle ging es um eine Schweizer Millionärin mit einer Vergangenheit im Rotlichtmilieu, die spurlos verschwunden war. Dieser Fall führte mich sogar zweimal bis hinunter nach Spanien. Es handelte sich aber nicht nur aus diesem Grund um eine der interessantesten Ermittlungen meiner Laufbahn.

Der Fall begann im Jahr 2001, und zwar mit einem Anruf der Kriminalpolizei in Wesel, für deren Bereich wir als Kriminalhauptstelle bei Tötungsdelikten mit zuständig waren. Im Rahmen dieses Anrufes machten uns die Kollegen auf eine Anfrage der Guardia Civil aus Alicante aufmerksam, einer spanischen Polizeieinheit also. Gegenstand der Anfrage war eine Person namens Theodor B. Von diesem Mann war ein Dauerauftrag bei einer Sparkasse in Wesel eingegangen, über den monatlich eine große Menge an Peseten überwiesen werden sollte – unterschrieben war der Dauerauftrag von besagter Schweizer Millionärin mit dem Namen Dinah P.-M. Den Kollegen aus Alicante kam das nun vor allem aus dem Grund seltsam vor, weil die Frau plötzlich und sozusagen von heute auf morgen spurlos verschwunden war.

Wir fanden recht schnell heraus, dass diese Dinah P.-M. in der Vergangenheit mehrere Rotlichtetablissements in Süddeutschland betrieben hatte, die sie nach einigen Jahren schließlich mit sehr gutem Gewinn verkaufen konnte. Außerdem, so stellte sich heraus, hatte die Frau vor geraumer Zeit einen schweren Verkehrsunfall gehabt, für den sie eine millionenschwere Entschädigung erhielt. Danach war Dinah P.-M. nach Spanien ausgewandert und hatte sich im Raum Alicante einen wunderschönen Villenkomplex zugelegt.

Unsere Zuständigkeit nach dem Anruf der Guardia Civil bestand zunächst nur darin, dass Theodor B. als letzter bekannter Lebensgefährte von Dinah P.-M. aus dem Raum Wesel stammte, so dass wir von der Staatsanwaltschaft Duisburg mit genaueren Ermittlungen beauftragt wurden. Die spanischen Kollegen hatten bereits mitgeteilt, sie würden allein wegen Betruges ermitteln – die Vermutung eines Tötungsdeliktes an der Frau ließ sich damals noch nicht untermauern, da zu diesem Zeitpunkt noch gar keine Leiche gefunden worden war. Für die spanischen Kollegen gab es deshalb auch keinen Anlass, in dieser Richtung Untersuchungen anzustellen. Ohne Leiche keine Ermittlungen!

Das war für uns in Duisburg etwas irritierend. Im Rahmen unserer Nachforschungen stießen wir dann schließlich auf einen überraschenden Fakt: Dinah P.-M. hatte einen Sohn, und dieser Sohn arbeitete bei der Schweizer Polizei. Er hatte schon selbst Ermittlungen nach dem Verbleib seiner Mutter angestellt und war höchst besorgt. Seine Nachfragen bei der spanischen Polizei liefen aber alle ins Leere, und dort in Spanien wollte man sich mit dem plötzlichen Verschwinden seiner Mutter nicht beschäftigen. Ich habe mich mit dem Mann also in Verbindung gesetzt, und er war auch sofort bereit, zu uns nach Duisburg zu kommen. Wenig später traf er mit dem Flugzeug ein, und er brachte zahlreiche Unterlagen mit, die unter anderem ein Vermögen seiner Mutter in Höhe von vielen Millionen belegten. Das Geld war angelegt in Andorra, es war angelegt in Liechtenstein, und es war auch in Spanien angelegt. Zum Besitz der Frau zählten außerdem noch zig Fahrzeuge, von der Harley-Davidson bis hin zum Landrover.

Doch der Sohn belegte nicht nur das Vermögen seiner Mutter. Er beschrieb sie auch als Menschen: Dinah P.-M. sei eine sehr lebensbejahende und lebensfrohe Frau, die immer wieder für einen gewissen Zeitraum Männer finanziell aushalte. Wenn diese Männer ihr nach einer Weile nicht mehr zusagten, bekamen sie eine Art Abfindung und wurden schließlich abgeschoben. Zu diesen Männern zählte unter anderem ein Brite, dem sie in der Stadt Liverpool eine Bar einrichtete und ihm anschließend überließ. Kurz nach der Trennung von diesem Mann lernte sie in Spanien um den Jahreswechsel 1999/2000 Theodor B. kennen.

Der war zuvor aus Wesel nach Spanien umgesiedelt, ohne allerdings ein Wort Spanisch zu sprechen. Sein Plan hatte darin bestanden, sich in Spanien eine Existenz als Autovermieter und Autoverkäufer aufzubauen – vom Format her konnte man den Mann sicher mit jenen Auswanderern vergleichen, die Privatsender gerne bei ihren gescheiterten Versuchen begleiten, in der Fremde Fuß zu fassen. Auch die Pläne des

Theodor B. erwiesen sich schnell als unhaltbar, der Aufbau einer neuen Existenz scheiterte.

Zu seinem Glück aber lief der Mann aus Wesel nun eben Dinah P.-M. über den Weg und durfte schließlich mit ihr in ihrer Villa leben. Allerdings ging dies nur eine begrenzte Zeit gut. Die Millionärin aus der Schweiz erklärte Theodor B. schließlich unmissverständlich, dass sie ihn wieder loswerden wolle. Er musste daraufhin bald aus der Villa ausziehen und wurde umquartiert in eine Hausmeisterwohnung mit einem Grundriss von etwa 20 Quadratmetern im Kellerbereich des Anwesens – ein deutlicher Abstieg in Hinblick auf die Lebensumstände.

Dass sie Schwierigkeiten mit Theodor B. hatte, teilte Dinah P.-M. auch einem Bekannten mit, der für sie Computer und damit verbundene Netzwerke betreute. Denn schon früh hatte Dinah P.-M. begonnen, das Internet zu nutzen, und präsentierte sich beziehungsweise ihren Körper dort via Webcam. Obwohl sie inzwischen mehrfache Millionärin war, konnte oder wollte sie ihre Rotlichtvergangenheit letztlich doch nicht vollkommen ablegen. Unter anderem drückte sich dies auch in riesigen Brustimplantaten aus – die in diesem Fall später noch eine Rolle spielen sollten.

Dann aber war diese nicht gerade unauffällige Frau im Jahr 2000 plötzlich verschwunden. Später stellte sich heraus, dass Menschen aus ihrem Umfeld auch den ehemaligen Lebensgefährten Theodor B. nach ihrem Verbleib gefragt hatten. Der habe darauf geantwortet, Dinah P.-M. sei zu ihrem Sohn nach Amerika gereist – den es dort allerdings nie gegeben hat.

Theodor B. wiederum hatte inzwischen die Hausmeisterwohnung wieder verlassen und lebte stattdessen erneut in der Villa. Außerdem fuhr er mit einem riesigen Wohnmobil umher, das ebenfalls der Frau gehörte. Er begann damit, Gemälde, Schmuck und weitere Wertsachen aus der Villa zu schaffen. Das bemerkten bald Nachbarn und alarmierten die Polizei. Der präsentierte Theodor B. jedoch erneut die Geschichte, seine Freundin sei in Amerika bei ihrem Sohn, er kümmere sich währenddessen im Haus um alles, was denn so anfalle – eine Erklärung, die den spanischen Beamten zunächst ausreichte.

Nachdem wir dann aber in Deutschland von dem Sohn der verschwundenen Millionärin die besagten Unterlagen erhalten hatten, haben wir uns unseren Teil bereits gedacht und ein Tötungsdelikt zum Nachteil der Millionärin für möglich gehalten. Und wie sich herausstellen sollte, war Theodor B. ein typischer Betrügertyp, der in seinem Leben durch eigene Leistung und eigenes Können nie etwas geschafft hatte. Zu diesem Zeitpunkt hatte er zudem bereits wieder eine deutsche Freundin, die im Bereich Wesel und damit in seiner Heimatregion lebte.

Wir haben also überlegt, wie wir in dem Fall weiter vorgehen wollten und sollten. Uns war klar, dass wir sehr umfassende Beweise würden vorlegen müssen, wenn es für eine Verurteilung reichen sollte – weil es eben keine Leiche gab. Zunächst haben wir in dieser Situation Kontakt zur Guardia Civil aufgenommen. Deren damaliger Leiter allerdings war gar nicht von der Nachfrage aus Deutschland begeistert. Es passte ihm nicht, dass wir daran dachten, Dinah P.-M. könne etwas zugestoßen sein. Glücklicherweise konnten wir auf eine hervorragende Dolmetscherin zurückgreifen, die in Alicante einen anderen Verantwortlichen ausmachte, mit dem wir weiter kommunizieren konnten.

Zu diesem Zeitpunkt war seit dem Verschwinden der Frau bereits ein Jahr vergangen. Für uns war es nicht zuletzt vor diesem Hintergrund wichtig, einmal in das Haus hineinzukommen und darin alles nach Spuren absuchen zu können. In diesem Zusammenhang war für uns wichtig, einen Leichenspürhund aus Deutschland mit nach Spanien nehmen zu können. Davon allerdings musste wiederum die spanische Polizei erst einmal überzeugt werden – die hatte uns nämlich bereits informiert, selbst das Areal schon mit Hunden abgesucht und dabei nichts gefunden zu haben. Erfreulich war für uns Kriminalisten, dass der Kapitaldezernent der Staatsanwaltschaft Duisburg, Herr Staatsanwalt Hein, damals voll hinter unseren Überlegungen stand. Es folgte noch einiges Hin und Her, bis wir tatsächlich mit sieben Kollegen aus Deutschland zum ersten Mal hinunter nach Alicante fliegen durften – in Begleitung unseres Leichenspürhundes Joey.

Die spanischen Kollegen mussten sich dort erst einmal auf unsere Arbeitsweise einstellen, und wir uns natürlich auch auf ihre. Für sie waren zum Beispiel unsere Vernehmungen sehr ungewöhnlich, die sich zum Teil bis in die Nacht hinein erstreckten. Letzten Endes trafen wir in Spanien jedoch auf Miguel M., der die Mordkommission in Alicante leitete. Der war ein sehr umgänglicher Mann, der auch verstand, dass wir alle im Grunde ja an einem Strang zogen. Er hat es uns daher auch ermöglicht, all unsere Maßnahmen durchzuführen.

Das wiederum führte dazu, dass wir mit einer erneuten kriminaltechnischen Untersuchung des Hauses, nun also von deutscher Seite aus, begannen. Unser Spürhund Joey hat uns dort nach nur rund zehn Minuten Schnüffeln auf Stellen aufmerksam gemacht, an denen offensichtlich eine Leiche gelegen haben musste. Das bedeutete jedoch gleichzeitig das spontane vorläufige Ende unserer Untersuchung – weil in Spanien in so einem Fall sofort ein Sekretär der Justiz und auch ein Richter vor Ort sein müssen, damit die Erkenntnisse beziehungsweise Ergebnisse nicht unter das Verwertungsverbot fallen. Also hieß es erst einmal warten, bis wir unsere Arbeit fortsetzen konnten. Es stellte sich schließlich im Bereich einer Waschküche heraus, dass dort offensichtlich Blut in einige Ritzen gelaufen war. Dieses Blut fand sich zwischen Fliesen, auch unter einem Teppich hatte sich etwas Blut angesammelt.

Dieses Blut wiederum ließ sich anschließend der immer noch verschwundenen Dinah P.-M. zuordnen. Wir lagen mit unseren Annahmen also offenbar richtig.

Dass diese Spuren überhaupt noch gefunden werden konnten, war eine enorme Leistung – besonders des Spürhundes. Denn inzwischen war seit der vermuteten Tat nicht nur ein gutes Jahr vergangen, das Haus war zudem von Theodor B. über einen Makler vermietet worden, und es war von den Mietern natürlich immer wieder auch gereinigt worden.

Nachdem die besagten Spuren gefunden worden waren, weiteten wir unsere Suche noch aus. Wir suchten im und am Haus, wohin denn eventuell die Person gebracht worden sein konnte, die jene Blutspuren hinterlassen hatte. Wo könnte ein Täter die tote Dinah P.-M. versteckt haben?

Dazu muss man wissen, dass es in Spanien nichts in der Art unserer Katasterpläne gibt und demnach auch keine Pläne der Ent- oder Bewässerungsmaßnahmen beziehungsweise der Rohre und Schächte auf einem Grundstück. Das führte dazu, dass wir nach sieben Tagen intensiver Ermittlungen in Alicante nicht weiterkamen und unverrichteter Dinge den Flug zurück nach Deutschland antraten.

Inzwischen waren unsere Kollegen in Deutschland nicht untätig geblieben. Theodor B. hatten wir weiterhin auf unserem Radar gelassen. Dazu zählte auch, dass wir uns mit seiner neuen Lebensgefährtin beschäftigten. Über die wiederum hatte B. selbst sich während einer seiner Vernehmungen recht abfällig geäußert. Wir haben das Telefon des Verdächtigen überwacht und wir haben ein Bewegungsprofil erstellt. Im Rahmen all dieser Maßnahmen bekamen wir mit, dass Theodor B. sich absetzen wollte, während wir in Spanien ermittelten. Tatsächlich war er inzwischen verschwunden und auch über die bekannten Telefonnummern nicht zu orten.

Allerdings war der Verdächtige unseres Wissens nach immer noch häufig mit dem riesigen Wohnmobil der Dinah P.-M. unterwegs, und dieses Fahrzeug entdeckten wir im Rahmen unserer Fahndung abgestellt in einer Seitenstraße. Wir haben daraufhin dieses Wohnmobil abschleppen lassen, und zwar unter dem Vorwand, es sei verkehrsbehindernd abgestellt gewesen und die Eigentumsverhältnisse müssten geklärt werden. Zusätzlich haben wir bei der Lebensgefährtin ein Schreiben hinterlassen, das Fahrzeug könne bei der Polizei in Wesel abgeholt werden, sobald ein Eigentumsnachweis erbracht und die entsprechenden Papiere vorgelegt worden seien.

Tatsächlich ist uns Theodor B. auf diese Weise ins Netz gegangen. Wir haben ihn daraufhin in Absprache mit der Staatsanwaltschaft festgenommen und die Örtlichkeiten durchsucht, an denen er sich aufgehalten hatte. Dabei fanden wir unter anderem zahlreiche Ausweispapiere der verschwundenen Dinah P.-M., außerdem fanden sich Kontoauszüge sowie Sparkassenbücher der verschwundenen Frau – also Belege darüber, wo sich ihr Vermögen befand. Was wir ebenfalls fanden, waren Blätter, auf denen Theodor B. viele Male die Unterschrift seiner ehemaligen Lebensgefährtin zu fälschen geübt hatte, um damit dann Einzugsermächtigungen oder Daueraufträge zu unterschreiben. Das alles stellte für uns natürlich ein deutliches Indiz dafür dar, dass der Mann etwas mit dem Verschwinden der Millionärin zu tun hatte.

Trotzdem beharrte Theodor B. weiter darauf, seine ehemalige Freundin sei von einem auf den anderen Tag verschwunden, er wisse nicht, wohin, und er wisse daher auch nicht, ob ihr etwas zugestoßen sei. Er hielt also weiterhin sein Lügengerüst aufrecht. Zu den Unterschriftsfälschungen wollte er keine Angaben machen.

Der Staatsanwalt hielt die Beweislage für eindeutig und ließ sich von den Lügen nicht beeindrucken, so dass schließlich Anklage vor dem Landgericht in Duisburg erhoben wurde. Die spanische Justiz hatte zuvor ihr Einverständnis erklärt und war offensichtlich froh, dass die deutsche Justiz und Polizei den Fall übernommen hatte. Der Staatsanwalt erklärte, die von der Mordkommission zusammengetragenen Beweise reichten ihm für die Anklageerhebung aus, selbst wenn bislang keine Leiche gefunden worden sei. Er ging zudem davon aus, es werde auch ohne Leiche zu einer Verurteilung kommen.

Gleichzeitig aber sind wir und bin auch ich weiter an der Sache drangeblieben. Während Theodor B. in der Justizvollzugsanstalt auf seinen Prozess wartete, habe ich zum Beispiel erneut dessen aktuelle Lebensgefährtin aufgesucht und ihr berichtet, wie ihr Freund wirklich von ihr denkt. Die Frau ließ sich daraufhin überreden, in Gesprächen mit Theodor B. darauf zu achten, welche Hinweise dieser eventuell zum Aufenthaltsort der Dinah P.-M. machte.

An einem Sonntagmorgen schließlich rief die Lebensgefährtin mich an: Theodor B. habe ihr in einem Anfall von Wichtigtuerei erzählt, er könne sich durchaus vorstellen, wo die vermisste Frau liege – und er habe sogar eine Skizze angefertigt, die er anschließend jedoch sofort in einen Mülleimer im Besuchsraum der Justizvollzugsanstalt geworfen habe. Ich habe mich am Telefon ruhig für diese Information bedankt, bin dann aber sofort in mein Auto gestiegen und hielt zwanzig Minuten später an der Justizvollzugsanstalt in Duisburg-Hamborn an. Dort habe ich nach kurzer Suche den angesprochenen Papierkorb entdeckt, habe ihn geleert und darin die angesprochene Skizze gefunden. Diese Zeichnung zeigte augenscheinlich das Anwesen der Dinah P.-M. in Alicante, und Theodor B. hatte ein Kreuz an eine Stelle gemalt, an der nach meiner Erinnerung inzwischen eine Palme stand.

Noch am selben Tag habe ich den Leiter der Mordkommission in Alicante angerufen und ihn über die aktuelle Wendung in dem Fall informiert. Am folgenden Montagmorgen sind die spanischen Kollegen ausgerückt und haben neben der Villa eine Grube gegraben, bis sie schließlich auf einen Fäkalienschacht stießen, der mit einer Platte abgedeckt worden war. In diesem Schacht entdeckten die spanischen Polizisten dann tatsächlich eine Leiche. Gefunden wurde sie in rund zwei Meter Tiefe. Der Täter hatte sie dort abgelegt, sie mit einer Platte und Erde abgedeckt und dann oben eine Palme an der Stelle gepflanzt.

Diesen Fund hat mir der Leiter der Mordkommission aus Alicante per Telefon mitgeteilt, woraufhin ich darum bat, man möge mit der Obduktion der Leiche warten, bis ich wieder vor Ort sei. Noch am Montag habe ich die Staatsanwaltschaft und meine Vorgesetzten informiert, und ich habe auch unsere Dolmetscherin angerufen, dass erneut eine Reise nach Alicante anstehe. Am kommenden Morgen sind wir mit der ersten Maschine nach Spanien geflogen. Die Leiche war inzwischen in die Rechtsmedizin gebracht worden. Zwar hätte es einen Außenstehenden beim Anblick der Toten vermutlich geschaudert, für mich als langjährigen Todesermittler handelte es sich jedoch um einen erstaunlich gut erhaltenen Körper. An diesem Körper ließen sich zudem unveränderliche Merkmale feststellen, die eindeutig auf Dinah P.-M. verwiesen. Die Frau hatte ein Permanent-Make-up getragen, sie hatte sehr hochwertige dritte Zähne – und nicht zuletzt zeigten auch die Brustimplantate, um wessen Körper es sich bei der Toten handelte.

Sehr gut beurteilen konnte man anhand des Leichnams zudem die wahrscheinliche Todesursache der Dinah P.-M.: Ihr Mörder hatte die Frau erdrosselt, außerdem war ihr der Schädel eingeschlagen worden. Das wiederum war eine Erklärung dafür, warum Theodor B. nichts über den wahren Verbleib der Toten hatte erzählen können: Er hätte uns beziehungsweise der Polizei in Spanien schließlich grundsätzlich eine Geschichte über einen Unglücksfall auftischen können. Nur wäre diese angesichts des Befundes eines eingeschlagenen Schädels nicht haltbar gewesen. So war das Tötungsdelikt schließlich kaum zu widerlegen.

Nun ist es aber so, dass eine Obduktion in Spanien anders abläuft, als man es als Kriminalist aus Deutschland gewohnt ist – sie scheint mir nicht ganz so stark genormt und geht auch nicht so tief in die Details. Ich hatte mir nicht nur aus diesem Grund direkt vor unserem Abflug noch eine Digitalkamera besorgt, mit der ich nun vor Ort fotografierte. Diese Bilder wurden später von der deutschen Rechtsmedizin in Augenschein genommen, weil man über sie gute Schlussfolgerungen ziehen konnte. Die Bilder waren auch Teil der Verhandlung vor dem Landgericht in Duisburg. Medien berichteten anschließend, der Angeklagte Theodor B. sei zwar während der Verhandlung vor dem Hintergrund der Beweislast zusammengebrochen, er habe aber nicht gestanden, Dinah P.-M. in ihrem Haus in Alicante ermordet zu haben.

Dennoch wurde Theodor B. zu einer lebenslangen Haftstrafe verurteilt, wegen Mordes aus Habgier. Der Sohn der Dinah P.-M. zeigte sich überglücklich, wie ein Schreiben an unseren Polizeipräsidenten beweist, in dem er sich dafür bedankte, dass wir den Fall lösen konnten, während die spanische Polizei ihn zuvor nicht ernst genommen hatte. Nicht zuletzt waren bis dahin auch Fragen seines Erbes ungeklärt gewesen.

Doch es gab auch Polizisten in Spanien, die sich sehr wohl intensiv mit dem Fall auseinandergesetzt hatten – wie die dortige Mordkommission und vor allem deren Leiter Miguel. Miguel kam zusammen mit dem spanischen Rechtsmediziner zu der Verhandlung nach Deutschland. So konnte der Fall schließlich mit einem Grillabend inklusive opulenten Umtrunks in meinem Garten abgeschlossen werden.

Um einen solchen Fall zu bearbeiten und dann zum Abschluss zu bringen, kommt es nicht allein auf eine einzige Person wie etwa mich als Leiter der Mordkommission an. Man benötigt vielmehr eine hochmotivierte Gruppe an Kollegen. Mitarbeiter also, die nicht murren, wenn wieder einmal Überstunden anstehen, Leute die auch nicht murren, wenn sie wegen eines Tötungsdeliktes ihr Wochenende unterbrechen oder an einem Feiertag zur Arbeit müssen. Mit Menschen, die nur am Klagen sind – mit solchen Menschen kann ich nicht arbeiten. Ich will und wollte immer motivierte Mitarbeiter um mich wissen, und ich verlange von diesen Kollegen auch nie etwas, das ich nicht auch schon von mir selbst verlangt habe.

Natürlich fragt man sich bei der Arbeit in einer Mordkommission aber manchmal, ob man eigentlich verrückt ist, dass man diese Arbeit macht. Ich will das an einem Beispiel verdeutlichen: Es gab ein Wochenende, an dem ich keinen Bereitschaftsdienst hatte, an dem jedoch ein zweites Tötungsdelikt anfiel. Ich hatte mir gerade mit meiner Frau Eintrittskarten für eine Veranstaltung gekauft – zum Preis von 45 Euro pro Person. Als ich am Eingang zum Veranstaltungsraum stand, klingelte mein Handy, und mein Kollege sagte mir, ich müsse unbedingt kommen – es sei jemand erstochen worden, die anderen Kollegen seien bereits anderweitig im Einsatz. Also habe ich meiner Frau meine Karte in die Hand gedrückt, ihr gesagt, sie solle versuchen, einen Abnehmer dafür zu finden, und nach der Veranstaltung ein Taxi nehmen, um nach Hause zu kommen. Ich selbst bin zum Tatort gefahren, und drei Tage später war der Fall dann geklärt und abgeschlossen.

Meine Frau jedoch hatte keinen Abnehmer für die überschüssige Karte gefunden, sie hatte aber auch keine Lust gehabt, die Veranstaltung allein zu besuchen. Daher habe ich mir erlaubt, den Preis dieser Eintrittskarte mit auf meine Reisekostenabrechnung zu setzen – mit dem Hinweis, man habe mich ja kurz vor Beginn der Veranstaltung angerufen und mir damit die Nutzung der bereits gekauften Karte unmöglich gemacht. Diese Abrechnung wurde allerdings von der Verwaltung abgelehnt, ich blieb also auf den Kosten sitzen. Und das war beileibe nicht der einzige Fall dieser Art. So war es einst üblich, dass man bei der Mordkommission für die Anfahrt Kilometergeld bekam und auch die für die Anfahrt notwendige Zeit finanziell vergütet wurde. Das wurde vor einigen Jahren geändert: Seitdem gibt es weder Kilometergeld noch darf die Anfahrtszeit angerechnet werden. Das ist für mich vollkommen unverständlich – schließlich geschieht all dies in Ausübung unserer vorab nicht immer gut planbaren Arbeit. Als Leiter der Mordkommission musste ich in solchen Fällen oft andere Wege finden, weil ich dafür sorgen wollte, den Kollegen zukommen zu lassen, was ihnen zustand.

MORDMOTIV: SCHÖNE LEDERJACKE

Wenn ich davon spreche, die Arbeit in einer Mordkommission müsse man mit Elan und Engagement erfüllen, dann führt mich das nochmals zurück in meine Anfangszeit. Damals rutschte ich sozusagen als junger Kriminalkommissar in eine solche Mordkommission hinein. Ich war gerade einmal etwa ein Jahr in dieser Kommission, als es darum ging, den Mord an einem jungen Mann aufzuklären – ein Fall, den wir damals schlicht »Kirmesmord« nannten.

In einem Stadtteil Duisburgs war eine Leiche gefunden worden. Diese Leiche lag in einem Bach und wies zahlreiche Verletzungen auf. Sie hatte einen eingeschlagenen Schädel, und der junge Mann war den Spuren zufolge auch gedrosselt worden. Der Körper war außerdem von Hämatomen regelrecht übersät. Aufgefunden wurde der Körper im Stadtteil Duisburg-Beeck. Dort fand zu jener Zeit ein Volksfest statt, die Beecker Kirmes. Schnell war daher klar: Zwischen der Kirmes und der Tötung des Mannes musste es eine Verbindung geben.

Wird eine Leiche gefunden, dann wird immer auch eine Todeszeitfeststellung durchgeführt, so dass wir schnell ein Zeitfenster kannten, in dem es zu der Tötung gekommen sein musste: der späte Abend des Vortags. Noch etwas war uns schnell klar: Wir mussten versuchen, den Fall zu klären, solange die Kirmes noch lief und die Mitarbeiter der Schausteller in der Stadt waren.

Mein damaliger Chef hat mich daher mit einer Gruppe von fünf oder sechs Kollegen zu dem Veranstaltungsgelände geschickt. Wir haben dort von einem Polizeitransporter aus Durchsagen gemacht, und wir haben Handzettel verteilt, auf denen um Informationen gebeten wurde – wer etwas beobachtet oder gehört hatte, sollte sich bei uns melden.

Zudem gingen wir an dem Tag, einem Samstagabend, über das Gelände der Kirmes, um Personen zu befragen. Dabei traf ich schließlich auf eine Toilettenfrau, die ich befragte. Diese Frau erzählte mir eine Geschichte über eine Begegnung zwischen dem getöteten Mann und drei weiteren jungen Leuten – einem Mädchen und zwei Männern.

Diese Aussage war für uns natürlich von immenser Bedeutung, so dass ich der Frau mitteilte, sie müsse mich sofort begleiten und ihre Aussage machen, die dann im Rahmen einer Vernehmung schriftlich fixiert werden sollte. Die Reaktion auf die bevorstehende Fahrt zum Polizeipräsidium in Duisburg fiel allerdings anders als erwartet aus: Die Frau erklärte, das komme für sie überhaupt nicht in Frage – ihr Chef würde ihr kündigen, sollte sie an einem Samstagabend wie diesem ihren Arbeitsplatz verlassen. Denn die Toiletten einfach dichtzumachen, würde bedeuten, dass ihm Einnahmen in einem hohen dreistelligen Bereich entgingen. Auch konnte die Frau den Toilettenwagen nicht einfach geöffnet und unbeaufsichtigt zurücklassen. Wir steckten also in einem Dilemma.

Während ich noch über eine Lösungsmöglichkeit nachdachte, entdeckte ich aus dem Augenwinkel einen Kollegen der Duisburger Fahndung, der in seiner Freizeit mit seiner Frau über die Kirmes ging. Ich habe diesen Kollegen sofort angesprochen und ihm erklärt, er müsse mir helfen – seine Freizeit sei erst einmal beendet, er müsse umgehend den Dienst wieder antreten. Allerdings nicht in seiner üblichen Funktion, sondern als Toilettenmann. Nur so würde ich die Frau von ihrem Toilettenwagen entfernen können.

Der Kollege blickte verlegen zu seiner Frau hinüber, die verständnislos zurückschaute. Es folgte ein kurzes »Klar, mache ich«, und die Situation war gerettet. Der Kollege erhielt eine Einweisung durch die Toilettenfrau und besetzte dann den Toilettenwagen, wir wiederum konnten die Zeugin mit auf das Präsidium nehmen. Als die Aussage aufgenommen war, brachte ich die Frau kurz vor Schließung der Kirmes wieder zurück zu ihrem Toilettenwagen, in dem der Kollege in der Zwischenzeit einwandfrei kontrolliert und abkassiert hatte.

Das Ergebnis dieser etwas ungewöhnlichen Aktion: Auf Basis der Aussage dieser Toilettenfrau konnten wir schließlich die Täter ermitteln. Diese hatten den jungen Mann, den sie später ermordeten, am sogenannten Love Express kennengelernt – einem Fahrgeschäft, an dem sich Jugendliche seinerzeit gerne versammelten. Zu der Gruppe der Täter zählte eine 17-jährige junge Frau, und dieser jungen Frau gefiel die Lederjacke des später Ermordeten. Die Tätergruppe sprach den jungen Mann daraufhin am Rande der Kirmes an, schlug ihn zusammen und tötete ihn schließlich mit voller Absicht. Vor der Tötung hatten die drei dem Opfer noch die Lederjacke ausgezogen, damit diese bloß nicht schmutzig werde. Anschließend nahmen sie einen herumliegenden Auspuff, legten ihn dem Opfer auf den Kopf und sprangen schließlich zu dritt darauf.

Alle drei sind später für die Tat verurteilt worden. Ich selbst habe die Siebzehnjährige vernommen, die von einem ihrer Mittäter schwanger war und die sich zunächst sehr introvertiert zeigte, dann aber in einen regelrechten Redefluss verfiel.

Dieser Fall zeigt nicht nur, dass Kriminalbeamte durchaus zu ungewöhnlichen Handlungen fähig sind, wenn die Umstände es verlangen – vor allem führt er sehr deutlich vor Augen, aus welchen Gründen Menschen andere Menschen töten. Es gibt tatsächlich Menschen, die für nichts oder für eine Lederjacke töten.

Das zeigt sich auch am Beispiel eines weiteren Falles. Dabei handelte es sich um einen sechzehnjährigen Täter, der kurz eine Feier verließ und dann einen älteren, gehbehinderten Mann entdeckte. Auch dieser Mann trug eine Jacke, die den jungen Täter interessierte. Der Täter ging also auf den Mann zu, schlug ihn zusammen, raubte ihm die Lederjacke und schlug ihm anschließend noch mit einer Eisenstange den Schädel ein. Damit hatte sich die Sache für den jugendlichen Täter erledigt – wir allerdings konnten ihn nach nur einem Tag ermitteln.

Es ist so, dass Menschen zu Taten fähig sind, die für den normalen Bürger unbegreiflich sind. Letztlich kann es jeden treffen, wenn er zum falschen Zeitpunkt am falschen Ort ist. Mein persönlicher Eindruck in diesem Zusammenhang ist zudem, dass sich die Asozialität gerade im Jugendbereich verstärkt hat – auch wenn dieser Eindruck im Widerspruch zur offiziell dokumentierten Kriminalitätsentwicklung steht. Rein statistisch gesehen ist nämlich die Jugendkriminalität gesunken. Doch mir selbst sind viele Fälle exzessiver Gewalt bekannt, die eine andere Sprache sprechen. Hätte man früher von einem zu Boden geschlagenen Opfer abgelassen, wird heute weiter darauf eingeschlagen oder eingetreten. Diese Gewaltbereitschaft und Aggressivität lässt sich auch am Beispiel von Fußballspielen zeigen. Man muss sich nur einmal vor Augen führen, wie viele Spiele wegen Ausschreitungen unterbrochen oder abgebrochen werden, oder wie häufig Schiedsrichter von Fußballfans angegangen werden.

Ich persönlich denke in diesem Zusammenhang an einen Schiedsrichter, der während eines Spiels fast totgeschlagen worden ist. Bei diesem Spiel war es zu einigen sicher diskussionswürdigen Entscheidungen gekommen. Das führte dazu, dass Zuschauer vom Spielfeldrand auf den Platz stürmten und dort dann den Schiedsrichter beschimpften. Trotzdem wurde das Spiel fortgesetzt. Danach traf der Schiedsrichter jedoch erneut eine Entscheidung, die den Fans und den Spielern einer der beiden Mannschaften nicht gefiel, so dass die nächste Eskalationsstufe erreicht wurde: Der Schiedsrichter wurde geschlagen und ging zu Boden, wo die Angreifer gegen seinen Kopf traten. Der Mann wurde im Grunde wie ein Fußball traktiert – bis auch sein Kehlkopf eingetreten war. Dass der Schiedsrichter das überlebte, ist allein der Anwesenheit von Rettungskräften zu verdanken, die schließlich einschreiten konnten und das Opfer versorgten.

Diese Vorgänge haben dazu geführt, dass wir als Mordkommission alarmiert wurden. Wieder einmal handelte es sich um ein Wochenende, und wir haben am Samstagabend die Ermittlungen aufgenommen – einem Samstagabend, an dem wir letztlich eine halbe Fußballmannschaft festgenommen haben.

Nach recht kurzer Zeit konnten wir auf Basis von Zuschaueraussagen drei Hauptverdächtige ermitteln. Zu diesen zählte der Spieler mit der Trikotnummer 10. Es handelte sich um einen Mittelfeldstar, der wenige

Tage später an einem Fußballspiel in der Türkei teilnehmen sollte. Das hatte zur Folge, dass noch am Sonntagabend der türkische Konsul aus Essen eintraf, der mir im Befehlston zu verstehen gab, er würde besagten Spieler mitnehmen. Ich entgegnete dem Mann, er solle schleunigst verschwinden, sonst würde er selbst in einer Zelle ausharren müssen.

Aber das ist nur eine Anekdote am Rande. Hauptsächlich geht es mir um die Auswüchse der Gewalt, die aus meiner Sicht in den letzten Jahren immer mehr zugenommen haben. Es scheint, als würde die Hemmschwelle immer weiter sinken. Früher respektierte man Obrigkeiten oder man respektierte zumindest Entscheidungen, heute ist das Gegenteil der Fall – weder Entscheidungen noch Entscheider werden respektiert, vielmehr werden sie immer häufiger attackiert. Beim Fußball etwa scheinen sich viele Menschen, die zu den Spielen gehen, gar nicht für den Sport, sondern allein für die damit verbundenen Auseinandersetzungen zu interessieren.

Schaut man sich Szenen solcher Auseinandersetzungen an, dann muss man fast schon Vergleiche mit dem Tierreich ziehen. Für mich ist es ein Unding, dass die Oberen der großen Fußballclubs vor allem finanzielle Gewinne im Kopf haben, aber nicht in der Lage sind – oder es nicht wollen –, die in der Regel bekannten Wortführer und Gewalttäter herauszufiltern.

EIN TOTER ZUHÄLTER UND EINE FILMREIFE FLUCHT

Neben Kleinkriminellen und Störenfrieden gibt es immer auch die wirklich rücksichtslosen Kriminellen, die im Grunde vor nichts zurückschrecken. Mit einer solchen Person bekamen wir es im Jahr 2004 einmal mehr zu tun. In jenem Jahr lag auf dem Parkplatz der Niederrheintherme in Duisburg eine erschossene Person. Der Körper wies nicht nur einen, sondern gleich mehrere Einschüsse auf. Die Tat hatte sich am späten Abend ereignet, Zeugen gab es nicht.

Wir haben zunächst großräumig den Tatort untersucht und natürlich die Identität des Toten zu klären versucht. Dabei stellte sich heraus, dass es sich um den 30-jährigen Shkelqim H. handelte, der offiziell in London gemeldet war. Auch ein Auto mit britischem Kennzeichen wurde gefunden. Bald ergaben die Ermittlungen außerdem, dass Shkelqim H. sein Geld als Zuhälter verdiente. Er ließ Prostituierte in Bordellen in Essen und Oberhausen für sich arbeiten. Weiterhin fanden wir heraus, dass er mit drei Prostituierten in einem Hotel in Duisburg abgestiegen war.

Shkelqim H. war, wie wir bald erfuhren, eine bekannte Größe im Rotlichtmilieu. Außerdem hieß es, dass eine Auseinandersetzung zwischen ihm und einem gewissen Ilir P. aus dem ehemaligen Jugoslawien stattgefunden habe. Auch bei diesem Mann handelte es sich um einen Zuhälter, und Grund der Auseinandersetzung soll eine besonders begehrte Prostituierte gewesen sein. Beide hatten sich angeblich wegen dieser Frau zuvor bereits geschlagen, sie waren auch jeweils mit Schusswaffen bewaffnet hintereinander hergerannt. Wir hatten also relativ schnell ermittelt, welche Hintergründe die Tat gehabt haben könnte.

Im Rahmen der Beweiserhebung mussten wir in der folgenden Zeit regelmäßig einen Bordellbetrieb in Oberhausen aufsuchen, da uns noch Zeugen fehlten. Wir hatten gehört, wer etwas mitbekommen haben könnte, wer also eventuell etwas zu den Tathintergründen sagen konnte. Unser größtes Problem bestand allerdings in der großen Zahl illegal beschäftigter Prostituierter in diesem Etablissement. Erschienen wir als Polizei vorne am Eingangsbereich der Prostituiertenstraße, sprangen hinten schon die ersten aus den Fenstern der Häuser, um vor uns zu fliehen. Nach und nach aber bekamen wir alle zu fassen, und das Bild der Tathintergründe verfestigte sich. Es verfestigte sich bald so weit, dass wir einen Haftbefehl gegen Ilir P. zustande bekamen.

Ilir P. war ein Hochkaräter in der kriminellen Szene, und er war ein Mann, der für zig andere Straftaten in Frage kam. Durch Telefonüberwachungsmaßnahmen fanden wir nun heraus, dass dieser Mann zu seinem Bruder in das französische Dijon geflüchtet war. Über verdeckte Maßnahmen konnten wir außerdem ermitteln, wo er sich an einem bestimmten Tag in Dijon aufhalten würde.

Zwei meiner Kollegen sind daraufhin nach Frankreich gefahren, und wir haben über eine Prostituierte dafür gesorgt, dass der Gesuchte an einer Telefonzelle erscheinen würde, in der ihn ein Anruf erwarten sollte. Tatsächlich aber schöpfte Ilir P. bereits beim Betreten besagter Telefonzelle Verdacht. Er fand ein nicht verschlossenes Auto in der Nähe und floh in einem halsbrecherischen Fahrmanöver. An eine vernünftige Absperrung möglicher Fluchtwege hatten die französischen Kollegen offensichtlich nicht gedacht. Die örtlichen Behörden hatten die Lage vollkommen falsch eingeschätzt – ein sehr dilettantisches Vorgehen, mit dem sie dem Gesuchten die Flucht bis nach Norditalien ermöglichten. Dort wiederum kam es zu einer erneuten Auseinandersetzung im Milieu, bei der Ilir P. auch noch einen südamerikanischen Zuhälter erschoss.

Inzwischen aber war die Zielfahndung eingeschaltet worden, so dass Ilir P. in Zusammenarbeit mit den italienischen Behörden festgenommen werden konnte. Er wurde daraufhin in das Hochsicherheitsgefängnis im italienischen Perugia gebracht, wo er sich allerdings nur äußerst kurz aufhielt: Nach kaum vierzehn Tagen konnte sich Ilir P. wie im Film mit Hilfe von zusammengeknoteten Bettlaken aus der Haftanstalt abseilen und abermals fliehen. Das lässt natürlich Fragen hinsichtlich der Sicherheit italienischer Gefängnisse offen, vor allem aber stellt sich die Frage, ob hinter den Kulissen eventuell Schmiergelder geflossen sind. Fest steht jedenfalls, dass alle Rechtshilfeersuchen durch die Mordkommission in Richtung Italien unbeantwortet blieben.

Ilir P. floh aus Italien weiter in den Kosovo. Wieder lokalisierte ihn unsere Zielfahndung, so dass der Mann dort erneut festgenommen werden konnte – allerdings erst, nachdem er einen Kollegen aus dem Kosovo zum Krüppel gefahren hatte. Ilir P. wurde schließlich zu einer lebenslangen Haft im Kosovo verurteilt. Die Behandlungskosten des schwer verletzten Kollegen aus dem Kosovo wurden übrigens von den Italienern übernommen – offensichtlich drückte hier das schlechte Gewissen.

Für mich war der gesamte Fall ernüchternd, und zwar vor allem vor dem Hintergrund, dass sowohl die Zusammenarbeit mit den französischen als auch mit den italienischen Kollegen zu wünschen übrig gelassen hatte. Wir haben den Fall damals mit insgesamt 18 Kollegen bearbeitet und nicht weniger als 3500 Stunden aufgewendet, um ihn aufzuklären. Es mussten zig Dienstreisen unternommen werden, um zu den Orten zu gelangen, an denen sich der Zuhälter aufhielt beziehungsweise an denen er Prostituierte beschäftigte, die er regelmäßig selbst abkassierte oder abkassieren ließ. Ernüchternd und erschreckend war an dem Fall aber zudem, mitzubekommen, wie junge Frauen ausgebeutet werden. Die Frauen müssen ihren Körper für geringste Summen verkaufen, sie selbst wiederum wurden und werden ebenfalls für billiges Geld weiterverschachert, um den männlichen Zuhältern im Endeffekt ein Leben im Luxus zu ermöglichen.

Außerdem darf man nie vergessen, welche Abhängigkeitsverhältnisse im Rotlichtmilieu bestehen. Ich erinnere mich gerade in diesem Zusammenhang an eine aus dem Kosovo stammende Belastungszeugin, deren Eltern weiterhin in ihrer Heimat lebten. Die Zeugin hatte eine Heidenangst, in dem Verfahren auszusagen, da sie sehr genau wusste, die Zuhälter würden sich jederzeit an ihrer im Kosovo verbliebenen Familie rächen können. Das sind Faktoren, die in einem solchen Fall berücksichtigt werden müssen und die Arbeit zum Teil erheblich erschweren.

Das soll aber nicht von der Frage ablenken, was denn nun tatsächlich mit Shkelqim H. geschehen ist, jenem aus London stammenden Zuhälter, der erschossen worden war. Bei dem Fall ging es wie bereits erwähnt um eine Prostituierte, vor allem aber ging es darum, dass Ilir P. in der Vergangenheit bereits einmal oder auch mehrmals von Shkelqim H. mit der Schusswaffe bedroht worden war. Ilir P. hatte inzwischen die Gewohnheiten seines Opfers studiert. Er wusste daher, dass dieses regelmäßig in die Therme nach Duisburg fuhr und sie dann spätabends verließ, um draußen in den Wagen zu steigen. Genau diesen Moment passte Ilir P. ab und verletzte den Mann mit mehreren Schüssen tödlich. Die ganz genauen Hintergründe dieser Tat allerdings kennen wir nicht, da wir den Täter wegen der mangelhaften Kooperation der internationalen Kollegen nie haben vernehmen können. Letzten Endes spielte das aber auch keine Rolle mehr, da Ilir P. ja im Ausland ohnehin zu einer lebenslangen Freiheitsstrafe verurteilt wurde.

Für mich war dieser Fall nicht der einzige, in dem es um Zuhälterei und das Verschachern von Frauen für Geld ging. Eines Tage etwa wurde an einer Zechenhalde in Dinslaken die Leiche von Hamdi C. aufgefunden. Der Tote wies eine Schussverletzung im vorderen Kopfbereich auf. Die Seitenscheibe auf der Fahrerseite seines Mercedes war heruntergelassen, aufgrund des Fundortes der Geschosshülse und der Schmauchspuren konnte man von einem Nahschuss ausgehen – der Täter musste sich mit dem Opfer von Angesicht zu Angesicht unterhalten und ihm dann die Waffe direkt vor den Kopf gehalten haben. Und er musste ihn an diesem Ort erschossen haben. Das also war unsere Ausgangssituation.

Wir haben uns daraufhin mit den Lebensumständen des Hamdi C. beschäftigt und mussten bald feststellen, dass wir in einen Bereich geraten waren, der sich im Grunde am besten mit »Sodom und Gomorrha« beschreiben lässt. Es handelte sich um ein Umfeld, in dem Frauen für damals gerade einmal zehn Deutsche Mark verkauft wurden, in dem auch die Notsituation von Frauen mit illegalem Aufenthaltsstatus rücksichtslos ausgenutzt wurde.

Was das Opfer anbetraf, standen wir vor unzähligen Motivbündeln. Hamdi C. war ein Zocker, er hatte diverse Frauengeschichten, er hatte außerdem aber auch eine türkische Ehefrau, die er regelmäßig misshandelte. Er war also sicher nicht der angenehmste Mensch gewesen, dem man auf dieser Erde begegnen konnte. Ein Mensch, bei dessen Tod sich der gesellschaftliche Verlust gewissermaßen in recht engen Grenzen hielt.

Doch sind das eben keine Hintergründe, die die Arbeit einer Mordkommission beeinflussen. Man kann und darf nicht zwischen guten und schlechten Opfern unterscheiden. Uns kam es vielmehr wie immer darauf an, diese Tat aufzuklären. Wir fahndeten daher zunächst im Glücksspiel-, Zuhälter- und auch Prostituiertenmilieu, kamen aber nach einer Weile auch auf den Gedanken, ob der Hintergrund nicht vielmehr in der Tatsache zu finden sei, dass Hamdi C. seine Ehefrau misshandelt hatte. In diesem Zusammenhang stießen wir schließlich auf einen unmittelbaren Nachbarn, der zwar selbst mit einer Frau zusammenlebte, sich aber regelmäßig um die von Hamdi C. misshandelte Ehefrau kümmerte. Nach und nach kristallisierten sich Beweise heraus, die in Richtung des besagten Nachbarn mit dem Namen Claudio B. deuteten. Nach einer Weile hatten wir so viele dieser Beweise, dass es für einen Durchsuchungsbeschluss für dessen Wohnung ausreichte, die sich im gleichen Haus wie von Hamdi C. und seiner Frau befand. Wir hatten ja die Patronenhülse samt Projektil und wussten damit genau, um was für eine Waffe es sich handelte, mit der Hamdi C. erschossen worden war.

Also haben wir nun mit verschiedenen Teams die Wohnung sowie das Auto des Claudio B. durchsucht. Die Kollegen haben dabei zwar keine Waffe entdeckt, konnten dafür aber versteckt in einem Wohnzimmersessel große Mengen Munition finden – unter anderem Munition des Typs, mit dem das Opfer erschossen worden war. Diese Munition haben wir an den Schusswaffenerkennungsdienst des Bundeskriminalamtes geschickt, damit sie untersucht wurde. Schon drei Tage später bekamen wir eine Rückmeldung: Teile der im Sessel gefundenen Munition mussten in der Vergangenheit bereits einmal in der Tatwaffe gewesen sein, hieß es. Denn wird Munition in eine Waffe geladen und später wieder entfernt und damit ausrepetiert, dann entstehen am Material sehr individuelle Spuren, die sich im Grunde mit einem Fingerabdruck vergleichen lassen. Es kann also genau zugeordnet werden, ob sich Munition schon einmal in einer bestimmten Waffe befunden hat. Die in der Wohnung gefundene Munition wies die gleichen Spuren auf wie jene Geschosshülse, die wir am Tatort entdeckt hatten. Wir wussten damit also: Mit Claudio B. hatten wir den richtigen Mann im Visier.

Claudio B. wurde daraufhin festgenommen, und wir haben ihn vernommen. Es dauerte rund einen Tag, bis er ein Geständnis ablegte. Sein Motiv bestand vor allem darin, dass ihm die misshandelte Frau des Hamdi C. einfach leidgetan hatte. Er hatte den Mann also zu dem späteren Tatort bestellt und dort erschossen. Die Tatwaffe versteckte er anschließend in seinem eigenen Wagen, und zwar in einem von Kunststoffteilen verdeckten Lüftungsschacht. Als die Kollegen dieses Auto später durchsuchten und nichts fanden, befand sich die Waffe tatsächlich immer noch in ihrem Versteck in dem Auto. Der Beschuldigte erklärte jedoch, er habe die Waffe nach der Durchsuchung des Wagens durch die Polizei in einen Kanal geworfen – und zeigte sich auch bereit, uns den genauen Ort zu zeigen. Ich erteilte daher den beiden Kollegen, die das Auto anfangs erfolglos durchsucht hatten, den Auftrag, die Waffe nun doch noch zu finden. Sie sollten sich eine Tauchergruppe besorgen – und sich vor allem erst dann wieder blicken lassen, wenn die Waffe gefunden war. Tatsächlich befand sich die Waffe am genannten Ort, und der Täter wurde später zu einer lebenslangen Freiheitsstrafe verurteilt.

Zu diesem Fall möchte ich noch eines sagen: Es gibt Menschen, die für vergleichbare Taten geringere Strafen bekommen, obwohl deren Handeln meiner Meinung nach als viel niederträchtiger zu bewerten ist. Denn Claudio B. hat Hamdi C. eben nicht aus Rache oder ähnlichen Beweggründen erschossen, er hat die Tat begangen, weil er einer Frau helfen wollte, die regelmäßig misshandelt wurde. Dass man als Polizist in gewisser Weise auch Mitleid oder eventuell sogar Verständnis für einen Täter entwickelt, ist mir aber nicht nur in einem Fall wie dem des Claudio B. passiert. Ich erinnere mich etwa an einen Fall, in dem eine Ehefrau ihrem Mann das Leben regelrecht zur Hölle gemacht hatte. Das ging so lange, bis eines Tages eine Grenze endgültig überschritten war und der Mann keinen Ausweg mehr wusste, so dass er seine Frau erwürgte. Danach informierte er jedoch sofort die Polizei über die Tat und legte ein umfassendes Geständnis ab.

Wie die Situation sich tatsächlich darstellte, das wurde uns bei Vernehmungen von Verwandten und Nachbarn nach und nach deutlich. Natürlich wurde auch mit dem Mann selbst gesprochen, wobei dieser ebenfalls seine gesamte Leidensgeschichte offenbarte und uns Details zu der durch seine Frau ausgeübten Tyrannei gab. Ich habe danach mit dem Staatsanwalt über den Fall gesprochen, denn der entscheidet schließlich, ob er Anklage wegen Mordes oder wegen Totschlags erhebt, was ja einen erheblichen Unterschied in Bezug auf das mögliche Strafmaß bedeutet.

Ich erinnere mich noch an einen vollkommen anderen Fall, der mir recht nahegegangen ist. Darin verwickelt war ein mir bekannter Leiter eines großen Institutes, dessen Sohn eine Psychose entwickelt hatte, infolge deren er mit einem Messer auf seinen Vater losging und ihn offensichtlich umbringen wollte. Auch hier stellte sich mir die Frage, wie man mit einem solchen Fall umgeht. Was im Klartext auch hieß: Hängen wir so etwas an die große Glocke? Oder kann der Staatsanwalt eventuell in Absprache mit dem Gericht dafür sorgen, dass es zu einer schnellen Einweisung des Sohnes kommt, ohne dass die Medien aufgeschreckt werden und über den Fall berichten wollen? Wir versuchen also in manchen Fällen, die Öffentlichkeit im Interesse der Opfer außen vor zu lassen. So etwas ist mir wichtig, und mir war auch immer wichtig, dass Angehörige Ermittlungsergebnisse nie aus den Medien erfahren müssen. Wenn jemand direkt betroffen war, habe ich mit den Betroffenen immer erst persönlich gesprochen, bevor Fakten beziehungsweise Ermittlungsergebnisse an die Medien gegeben wurden. Denn das ist meiner Überzeugung nach guter Stil.

DIE MAFIAMORDE VON DUISBURG – TEIL 2: DIE HINTERGRÜNDE

Bei einem Fall vom Umfang und auch von der Bedeutung der Mafiamorde werden die gesamten Informationen ans Landes- und Bundeskriminalamt weitergeleitet. Noch in der Tatnacht erhielten wir daher die Nachricht, es seien bereits Spezialisten des Bundeskriminalamtes zu uns unterwegs, die sich mit der kalabrischen Mafia 'Ndrangheta sehr gut auskannten. Vor allem handelte es sich dabei um eine Kollegin, die über Jahre Informationen zur besagten 'Ndrangheta gesammelt hatte. Diese Kollegin konnte uns noch in der Tatnacht sagen, wie sich die Verbindung der Opfer in Richtung Kalabrien darstellte und wer zur 'Ndrangheta gehörte.

Mein Wissen über die italienische Mafia hielt sich seinerzeit wie gesagt noch in recht engen Grenzen. Die 'Ndrangheta war für mich nur eine von vielen Mafiaorganisationen. Was ich noch nicht wusste, das war die Tatsache, dass die 'Ndrangheta inzwischen zu einer der gefährlichsten Mafiaorganisationen der Welt geworden war. Und ich wusste auch nicht, wie schwer es sein würde, in diesem Umfeld Ermittlungen durchzuführen. Eine Besonderheit der 'Ndrangheta ist nämlich, dass die Angehörigen der einzelnen Clans untereinander verwandt sind. Aus diesem Grund war es bisher kaum jemals gelungen, innerhalb dieser Gruppierung jemanden ausfindig zu machen, der zu einer Aussage bereit war.

Was ich ebenfalls sehr schnell feststellen musste, war der Umstand, dass gerade Deutschland inzwischen zu einem Rückzugsgebiet für große Teile der italienischen Mafia geworden ist. Der Grund dafür ist einfach: In Deutschland können große Geldsummen angelegt beziehungsweise investiert werden, ohne dass ein Nachweis über die Herkunft des Geldes zu erbringen ist. In Italien wird genau das nämlich völlig anders gehandhabt: Da kann ich nicht einfach eine Million Euro zweifelhafter Herkunft nehmen und mit dieser Summe von einem Tag auf den anderen ein Geschäft eröffnen – ich muss vielmehr zunächst nachweisen, woher ich das Geld denn habe. In Deutschland dagegen kann ein mittelloser Pizzabäcker, der zuvor sprichwörtlich von der Hand in den Mund gelebt hat, ein Geschäft an einem Ort seiner Wahl eröffnen, ohne dass jemand danach fragt, woher denn die dafür notwendigen 1,6 Millionen Euro stammen. Es scheint sich niemand für solche Vorgänge zu interessieren. Im Gegenteil – Politiker scheinen vor allem darauf Wert zu legen, dass in ihrem Wahlbezirk oder Bundesland Geld investiert wird, egal, woher dieses Geld ursprünglich kommt.

Wir haben zudem noch in dieser ersten Nacht erfahren, wie viele der 'Ndrangheta zugehörige Personen im Raum Duisburg leben, wir haben Informationen über deren Verflechtungen untereinander erhalten, und wir haben auch erfahren, wodurch diese Organisation letztlich ihre heutige Größe und Macht erreichen konnte. Denn beschäftigt man sich mit der Macht der 'Ndrangheta von heute, dann gehört dazu ein Blick zurück auf die Anfänge. Diese sind unter anderem mit der Entführung des John Paul Getty III. verbunden. Der damals 16-jährige Sohn des Milliardärs John Paul Getty II. wurde am 10. Juli 1973 in Rom von Mitgliedern der 'Ndrangheta entführt. Der Großvater weigerte sich anfangs, das geforderte Lösegeld in Höhe von 17 Millionen Dollar zu zahlen – er argwöhnte, die Entführung sei von seinem Enkel selbst inszeniert worden. Er habe 14 Enkel, und würde er in diesem einen Fall Lösegeld zahlen, dann hätte er bald 14 entführte Enkel, soll Getty gesagt haben.

Die Entführer allerdings stellten auf ihre Art und Weise klar, dass es sich nicht um eine inszenierte Entführung handelte: Sie schnitten ihrer Geisel im Herbst 1973 ein Ohr ab und schickten es an eine römische Tageszeitung. Außerdem drohten sie damit, John Paul Getty III. nach dem Vorbild des Ohres sozusagen stückweise freizulassen, würde die Familie nicht endlich Lösegeld zahlen. Nun willigte der Großvater tatsächlich ein, auch wenn er nicht die gesamte anfänglich geforderte Summe von 17 Millionen Dollar zu zahlen bereit war. Nach einer Zahlung von immerhin 2,89 Millionen Dollar kam der junge Getty am 15. Dezember 1973 frei.

John Paul Getty III. erholte sich allerdings psychisch nie wieder vollkommen von der Entführung. Er litt unter Ängsten, die er mit Alkohol und Drogen bekämpfte. Im Jahr 1981 führte ein Drogencocktail zu einem Schlaganfall, den Getty gelähmt und fast blind überlebte. Er starb im Jahr 2011 an Multiorganversagen. Für die 'Ndrangheta hingegen bildete diese Entführung den Beginn ihres weltweiten Aufstiegs. Denn sie legte das Lösegeld gewinnbringend an und finanzierte so ihre Aktivitäten der folgenden Zeit.

Nun lag das Entführungsjahr 1973 im Jahr 2007 schon mehr als drei Jahrzehnte zurück und es hatte sich inzwischen einiges getan. Wir erfuhren, es habe in Kalabrien regelrechte Kleinkriege gegeben, bei denen es unter anderem um Einfluss bei Rauschgiftgeschäften oder im Waffenhandel ging. Diese Auseinandersetzungen hätten allein in den vergangenen zwei Jahren weit mehr als 200 Tote zur Folge gehabt.

In der Tatnacht beschäftigten wir uns vornehmlich mit der Tatortarbeit, doch schon für den kommenden Tag war eine erste große Pressekonferenz angesetzt. Dieser Termin sollte sehr deutlich zeigen, wie groß das Interesse an unserem Fall bereits war: Die Pressevertreter waren aus der ganzen Welt angereist, sogar ein Vertreter der berühmten *Washington Post* war gekommen. Schon als ich am Morgen die Düsseldorfer Straße hinunterschaute, erkannte ich einen Übertragungswagen hinter dem anderen. Um es einmal zurückhaltend auszudrücken: Das öffentliche Interesse an Informationen über die Morde der Nacht war sehr groß.

Intern dagegen ging es um ganz andere Themen, vor allem darum, ob der Fall in der Zuständigkeit der Mordkommission in Duisburg bleiben oder ob er verlagert werden sollte zum Landes- beziehungsweise Bundeskriminalamt. Am Ende aber hat man die Zuständigkeit in Duisburg belassen, nicht zuletzt weil wir eine sehr gute Aufklärungsquote bei Tötungsdelikten und auch die entsprechende Erfahrung vorzuweisen hatten. Gleichwohl wurde mir sehr schnell deutlich gemacht, dass wir uns gerade bei diesen Ermittlungen keine Fehler erlauben durften. Es klang außerdem durch, dass die Aktivitäten der 'Ndrangheta in Duisburg ebenso wie die Ermittlungen in diesem Fall ein Thema im Innenausschuss des Landtages sein würden – weil derartige Delikte ja immer auch dazu genutzt werden, den jeweils zuständigen Minister zu diskreditieren.

Schon am Tag nach der Tat bemerkten wir ein weiteres Phänomen, das sich seit dem Jahr 2007 noch weiter verstärkt hat: nämlich einen geradezu inflationären Zustrom von sogenannten oder auch selbsternannten Experten, die zu jeder noch so nebensächlichen Kleinigkeit ihren Senf dazugeben müssen – egal, ob sie Ahnung haben oder eben auch nicht. In den Tagen nach den Morden am »Da Bruno« schwangen sich sogar Personen zu Experten auf, die damals bereits seit zwanzig Jahren nichts mehr mit organisierter Kriminalität zu tun gehabt hatten. All diese Menschen also haben sich vor Kameras und Mikrofone gestellt und haben ihr wenig umfangreiches Wissen verbreiten lassen. Das alles war nicht sehr angenehm, aber wir wussten, dass wir damit nun erst mal leben mussten.

Schon damals habe ich dem Innenminister jedoch etwas gesagt, dessen ich mir sehr schnell sicher war: Jemand, der eine solche Tat begeht, dem wird im Vorfeld und damit bei den Vorbereitungen sicher auch der ein oder andere Fehler unterlaufen sein. Ich versicherte ihm, dass wir uns sehr wohl zutrauen würden, diesen Fall auch aufzuklären. Der Minister hat daraufhin noch einmal signalisiert, er halte den Fall in Duisburg für gut aufgehoben, und betonte außerdem, die Arbeit der gesamten Ermittlungskommission werde von Seiten des Ministeriums unterstützt – für den Fall, dass es Schwierigkeiten zum Beispiel mit Vorgesetzten gebe, solle ich mich einfach melden. Das alles war letztlich ein großer Vertrauensvorschuss, den man uns mit auf den Weg gab.

Innerhalb kürzester Zeit wurde daraufhin eine wirklich schlagkräftige Ermittlungskommission aufgestellt, zu der weit über einhundert Kollegen gehörten. Uns waren dabei sogar Kräfte von Nachbarbehörden, anderen Bundesländern, des Landes- und des Bundeskriminalamtes unterstellt. Als Glücksfall sollte sich außerdem erweisen, dass noch in der ersten Nacht italienische Kollegen unter Führung eines Verbindungsbeamten anreisten. So ließen sich verschiedene Informations- und Kommunikationswege in Richtung Italien deutlich abkürzen. Denn von Anfang an war uns eines klar: Ein großes Stück des Schlüssels zur Lösung des Falles würde mit Sicherheit in Italien zu finden sein.

Wir haben also zunächst begonnen, sämtliche Hintergrundinformationen abzuklären, vor allem zu der Örtlichkeit, an der die Morde geschehen waren. Ein weiterer wichtiger Punkt war die Abklärung der Opfer – wer also genau waren die insgesamt sechs Erschossenen? Wir haben uns natürlich auch mit dem »Da Bruno« selbst als Gaststätte beschäftigt. Dabei konnten wir feststellen, dass es ein Lokal mit diesem Namen bereits seit den Achtzigerjahren in Duisburg gegeben hatte. Auch das ursprüngliche Restaurant war damals von Italienern aus Kalabrien gegründet worden. Später wurde das Geschäft von einem anderen Betreiber übernommen, der es von seinem einstigen Sitz in der Duisburger Innenstadt in das Klöckner-Haus verlegte, in dem es sich im Jahr 2007 immer noch befand.

Der einstige Betreiber des ursprünglichen »Da Bruno« ist übrigens unmittelbar nach der Wende nach Erfurt gegangen, wo er – als eigentlich recht mittelloser Mann – im Grunde die halbe Erfurter Innenstadt aufkaufte, sanierte und Lokale eröffnete. Der Mann investierte im Osten Deutschlands Millionenbeträge, und der örtlichen Politik schien es vollkommen egal zu sein, woher diese Person kam und woher sie diese Summen hatte. Der Mann verfügte über hervorragende politische Verbindungen, die vom Ministerpräsidenten bis hin zum Staatssekretär reichten – Personen, die in seinen Lokalen verkehrten. Mehr noch: Der frühere Betreiber des »Da Bruno« war sogar Delegierter einer Anti-Mafia-Konferenz – eine Funktion, die ihm ebenfalls von einem

Politiker besorgt worden war. Das zeigt, wie eng die Verbindungen in manchen Fällen sind, und es handelt sich hier nicht um einen Einzelfall. Wir konnten später mehrere Fälle solcher eigentlich mittellosen Pizzabäcker feststellen, die bei uns in Deutschland Millionensummen investierten und bei denen kein Mensch danach fragte, woher denn dieses Geld eigentlich stammte.

Aber zurück zu den Mafiamorden: Es dauerte nicht lange und wir erfuhren, dass es sich bei den getöteten Personen zum überwiegenden Teil um große Nummern im Umfeld der 'Ndrangheta handelte. Ebenfalls interessant war der Umstand, dass der erschossene Marco M. sowie die ebenfalls erschossenen Brüder Francesco und Marco P. und letztlich auch das gesamte Restaurant »Da Bruno« im Visier der italienischen Ermittlungsbehörden standen. Es war sogar so, dass der am Tatort aufgefundene gemietete VW Golf von italienischer Seite verwanzt worden war. Der Wagen war außerdem mit einem GPS-Sender und Aufzeichnungseinheiten ausgerüstet worden – und zwar schon Monate vor der Tat. Allerdings hatten die Italiener den deutschen Ermittlungsbehörden keinerlei Mitteilung davon gemacht – was wiederum in keinerlei Weise dem rechtsstaatlichen Rahmen entsprach. Denn wer mit konspirativen Maßnahmen in einem anderen Land aktiv werden will, muss im Normalfall erst einmal ein Rechtshilfeersuchen stellen, das bewilligt werden muss, bevor die konspirativen Maßnahmen umgesetzt werden können. Mit alldem aber hatten die italienischen Behörden offensichtlich nichts am Hut. Sie haben Überwachungsmaßnahmen durchgeführt, bei denen sie Gespräche aus dem Fahrzeug aufzeichneten, die per Satellit übertragen wurden – man arbeitete also mit feinster Überwachungstechnik.

Auf diese Weise bekam die italienische Polizei unter anderem mit, dass »Da Bruno«-Betreiber Sebastiano S., Marco M. und die Brüder P. in

Deutschland unterwegs waren, um sich zu bewaffnen und insgesamt aufzurüsten. Den Hintergrund für diese Maßnahmen stellte der Plan dar, einen gegnerischen Clanführer in Kalabrien zu beseitigen. Bei dieser Person handelte es sich um Gianluca N.

Hinter diesem Plan wiederum verbarg sich eine Vorgeschichte, die sich bis in das Jahr 2006 zurückverfolgen ließ. Zu dieser Zeit gab es in dem Ort San Luca in Kalabrien eine Auseinandersetzung, die im Juli 2006 in einem Anschlag mündete, bei dem der Sohn eines Clanführers schwer verletzt wurde und anschließend Monate im Rollstuhl verbringen musste. Folge dieser Tat war ein Gegenschlag des anderen Clans, der am 25. Dezember 2006 in Form eines Mordanschlags auf besagten Gianluca N. ausgeführt wurde. Allerdings kam bei dem Anschlag nicht Gianluca N. ums Leben, sondern dessen Ehefrau Maria S.

Diese Tat stellte einen absoluten Tabubruch dar, auch innerhalb einer Organisation wie der italienischen Mafia. Denn neben dem Mord an der Frau kam bei dieser Tat auch ein fünfjähriger Junge zu Schaden. Schnell war man sich in Kalabrien einig, man könne diese Tat nicht auf sich beruhen lassen. Vor allem Gianluca N. wollte sich rächen, und er hatte unter anderem Sebastiano S. und Marco M. aus dem »Da Bruno« im Visier.

An dieser Stelle möchte ich etwas zu den Namen der beteiligten Personen sagen. Dass ich diese Namen hier durchweg abkürze, hat nicht nur etwas mit dem Schutz der Persönlichkeitsrechte zu tun. Gerade in diesem Fall könnten die ausgeschriebenen Namen eher für Verwirrung als für Aufklärung sorgen, da zahlreiche Personen der 'Ndrangheta identische Nachnamen tragen, aber für unterschiedliche Seiten stehen. So trugen etwa der damalige Wirt des »Da Bruno« und auch die ermordete Frau des Clanführers den gleichen Nachnamen, sie hatten aber vor ihrem Tod tatsächlich nichts miteinander zu tun gehabt und waren auch nicht miteinander verwandt. Wir konnten im Bereich Kalabrien 39 Mafiafamilien zählen, die entweder zusammenarbeiteten oder miteinander verfeindet waren. Darunter befanden sich diverse Personen, die nicht nur den gleichen Nachnamen, sondern auch noch identische Vornamen trugen. So gab es 46 Personen mit dem Namen Antonio Pelle und 71 mit dem Namen Francesco Giorgi, von denen auch noch drei am selben Tag geboren waren. Es ist sicherlich nachvollziehbar, dass so etwas die Ermittlungen nicht gerade erleichtert. Mein Ausweg aus dieser Misere bestand darin, dass ich mir von den Kollegen des Bereichs organisierte Kriminalität die Wände meines Büros mit sogenannten Familiencharts tapezieren ließ. Darauf stand, wer wann und wo geboren war, wer mit wem verheiratet war und so weiter – alles zu dem Zweck, die einzelnen Familienclans auseinanderhalten zu können, mit denen ich es nun ständig zu tun hatte.

Aber zurück zu den Vorgängen im Vorfeld der Tatnacht von Duisburg. Die italienischen Kollegen wussten durch die Auswertung abgehörter Gespräche aus dem VW-Golf-Mietwagen von Plänen, in Deutschland einen Panzerwagen zu erstehen. Diese Pläne wurden auch ganz real: Ein entsprechendes Fahrzeug hatte man bereits in Tübingen entdeckt und es zudem auch schon angezahlt. Außerdem hatten die Männer sich ein amerikanisches Präzisionsgewehr besorgt. Schusssichere Westen und weitere Gegenstände waren ebenfalls beschafft worden. Offensichtlich hatten all diese Einkäufe den Zweck, in Italien einen Schlag gegen den Clan von Gianluca N. durchzuführen.

Wir allerdings konnten in diesem Teil des gesamten Falles nicht weiter ermitteln, denn die Staatsanwaltschaft wertete die von den Italienern zusammengetragenen Fakten und Beweise als nicht rechtskräftig zustande gekommen – sie seien auf Basis nicht zugelassener Überwachungsmaßnamen zusammengetragen worden. Es galt also das Verwertungsverbot, das uns die Chance nahm, etwa gegen den Waffenverkäufer weiter zu ermitteln. Als Polizeibeamter muss man sich damit zwangsläufig zufriedengeben, weil man an der Tatsache nichts mehr ändern kann.

Was wir dagegen bald wussten, war, dass es zwischen einigen hier ansässigen Italienern und der kalabrischen Mafia sehr enge Verbindungen gab und dass einige dieser Personen sich hierher nach Deutschland zurückgezogen hatten. Wir konnten feststellen, dass es zu allen Toten entsprechende Erkenntnisse gab. Bei einer Durchsuchung des »Da Bruno« fanden wir außerdem ein ausgebranntes Heiligenbild des San Michele: Dieser Heilige gilt als Schutzpatron der italienischen Polizia di Stato und damit einer der beiden allgemeinen italienischen Polizeien. Was man in diesem Zusammenhang wissen muss: Zum Aufnahmeritual der 'Ndrangheta gehört das Ablegen eines Schwures, zudem muss der Aspirant den Kopf des heiligen Michele ausbrennen. Für den konkreten Fall bedeutet das: Der getötete Tommaso Francesco V. wäre am Tattag achtzehn Jahre alt geworden, und mit diesen achtzehn Jahren wurde er in die 'Ndrangheta aufgenommen – was den Fund des ausgebrannten Heiligenbildes erklärte.

Was uns in dem Zusammenhang trotz Verwertungsverbots zugutekam, war das Wissen über die verdeckte Maßnahme der Italiener. Deren Erkenntnisse flossen in die weiteren Ermittlungen ein, so dass wir uns ein besseres Bild von den Opfern und auch ihren Beziehungen untereinander beziehungsweise nach Kalabrien machen konnten. Noch in der ersten Nacht konnten wir die ersten Erkenntnisse zur 'Ndrangheta abfischen. Und wir sind auch weitergekommen, weil wir zurückgreifen konnten auf die Erkenntnisse der schon erwähnten Kollegin vom Bundeskriminalamt, die ihre Ermittlungen zum Teil gegen den Willen ihrer Vorgesetzten fortgeführt hatte, weil sie einfach schon sehr früh die Brisanz der Aktivitäten derjenigen erkannt hatte, die sich aus dem Umfeld der 'Ndrangheta nach Deutschland zurückgezogen hatten. Auch wenn die entsprechenden Untersuchungen beim Bundeskriminalamt zunächst nicht wirklich erwünscht gewesen waren, war man nun heilfroh, auf diese Erkenntnisse zurückgreifen zu können. Ähnlich verhielt es sich bei uns mit den Kollegen jener Dienststelle, die Erkenntnisse aus dem Bereich der organisierten Kriminalität auswertet und die auch über Vertrauenspersonen beziehungsweise Zuträger verfügt, die aus der Szene berichten. Diese Kollegen konnten mir ebenfalls sehr viele Zusammenhänge erklären.

Das alles zusammen bildete den Grundstein dafür, dass ich binnen der ersten vierzehn Tage nach der Tat meine Informationsdefizite in Sachen Mafia beziehungsweise 'Ndrangheta aufarbeiten konnte. Danach konnte ich Fakten deutlich besser ein- und zuordnen. Wobei es natürlich nicht so war, dass ich allein vor dem Fall stand, im Gegenteil: Mir standen sehr viele Leute zur Verfügung, und zu meinen Aufgaben gehörte es, diese vielen guten Leute nun so einzusetzen, dass ihre Fähigkeiten am besten zur Geltung kamen. Zudem waren mir Kollegen des Landes- und Bundeskriminalamtes sowie diverser weiterer Dienststellen der Mordkommission unterstellt – was dann innerhalb des Behördenapparates wieder ganz andere Fragen aufwarf. Denn angesichts dieser Unterstellungsverhältnisse musste nun noch ein Leiter der Ermittlungen gefunden werden, der aus dem höheren Dienst kam. Ich selbst war damals Erster Kriminalhauptkommissar, was die Endstufe im gehobenen Dienst darstellte. Wer aber Einsätze von einer derartigen Dimension leitet, der muss Angehöriger des höheren Dienstes sein – also eine Person aus dem Direktorenbereich. Mein Glück war, dass es einen Kollegen gab, der selbst zuvor in Mordkommissionen gearbeitet hatte und dann in den höheren Dienst aufgestiegen war. Es handelte sich somit um eine Führungsperson alten Schlages, die die Polizeiarbeit von der Pike auf gelernt hatte und sie daher sehr genau kannte. Es sollte sich schnell als Glücksfall erweisen, dass gerade dieser Mann die Gesamtleitung der Ermittlungen übernahm. Denn bald schon hatten wir mit einer großen Zahl unseliger Angriffe in Richtung des Ministers und der Polizei zu kämpfen, die ständig dazu führten, dass wir Berichte abgeben mussten. Der Leiter der Ermittlungen übernahm diese Aufgabe und entlastete mich damit deutlich, so dass die Mordkommission und damit auch ich fast ungestört weiter an dem Fall arbeiten konnte.

Insgesamt haben wir wie gesagt die Identität der sechs Toten recht schnell klären können. Damit verbunden war, wie ebenfalls schon erwähnt, die Feststellung, dass die meisten von ihnen aus dem Ort San Luca in Kalabrien stammten. Dieses San Luca wird als eine Art Mutterhaus der 'Ndrangheta bezeichnet. Ich konnte mir darunter zunächst gar nichts vorstellen. Inzwischen jedoch bin ich mindestens sechsmal in dem Ort gewesen, und ein Gang durch die Straßen erklärt sehr viel in Hinblick auf die 'Ndrangheta und die Zusammenhänge: Die Villen dort sind von regelrechten Festungsmauern umgeben, man schützt sich zusätzlich mit Stacheldraht auf ebendiesen Mauern und mit ausgefeilten Überwachungsmaßnahmen. Viele der Personen, die nun in Deutschland leben und sich hier ein seriöses Image aufgebaut haben, besitzen dort unten weiterhin solche zur Festung ausgebauten Häuser und Anwesen. Vor diesem Hintergrund ist dann sicher die Frage gerechtfertigt, welcher Klientel diese Menschen wirklich zuzurechnen sind.

Allein zum Zeitpunkt der Tat lebten etwa in Duisburg achtzig Personen, die dem Ort San Luca und dessen Umgebung zuzuordnen waren. All diese Personen gehörten den verschiedenen 'Ndrangheta-Clans an und waren der Polizei bekannt. Ebenfalls bekannt war der Umstand, dass besagte Clans in unserem Bereich zahlreiche Restaurants betrieben, deren Besitzer ebenfalls zu jenen Menschen zählten, die scheinbar von einem Tag auf den anderen ihre Armut hinter sich lassen und stattdessen immense Summen in besagte Betriebe investieren konnten. Fragt man einen dieser plötzlich zu Reichtum gekommenen Italiener im Rahmen von Vernehmungen nach dem Ursprung seines Vermögens, dann muss man sich die Antwort gefallen lassen, die Familie habe für ihn gesammelt, damit er sich in Deutschland eine Existenz aufbauen könne.

Während unserer Ermittlungen waren wie gesagt auch Vertreter der italienischen Polizeibehörden bei uns, die von kriegerischen Auseinandersetzungen zwischen den einzelnen Clans in den Jahren 1991 bis 1993 berichteten. Auslöser dieser Streitigkeiten war etwas gewesen, das die italienischen Kollegen *scherzo di carnevale* nannten, ein Karnevalsscherz also. 1991 waren im Rahmen eines Karnevalsumzuges Knallkörper geworfen worden. Von denen fühlte sich ein Clanmitglied derart beleidigt, dass es in der Folge zu insgesamt 200 Tötungsdelikten gekommen ist – was aus deutscher Sicht nahezu unvorstellbar erscheint. Die große Zahl an Tötungsdelikten führte schließlich dazu, dass die verschiedenen kalabrischen Clans sich einem Richterspruch der Mafiaoberen beugten, nun einmal eine Zeitlang Ruhe einkehren zu lassen und sozusagen die Füße still zu halten. Das funktionierte auch eine Weile ganz gut, doch im Jahr 2005 flammten die Auseinandersetzungen eben wieder auf und endeten dann vorläufig in dem erneuten Mordanschlag, bei dem die Frau des Clanführers Gianluca N. getötet und ein Kind verletzt wurde.

Was darauf folgte, war ein Rachefeldzug, der mit den Mafiamorden von Duisburg am 15. August 2007 gleichzeitig seinen Höhepunkt erreichte und endete. Viele unserer Erkenntnisse aus den Ermittlungen sprechen dafür, dass der Streit in einer Weise eskaliert war, dass man die Tötungen in Duisburg auch als eine Art Präventivschlag interpretieren könnte. Denn auf der anderen Seite waren ja einige der Opfer dabei, regelrecht aufzurüsten, um dann in Italien mit Waffengewalt gegen gegnerische Clanführer vorzugehen. Der Kauf eines Präzisionsgewehrs, eines gepanzerten Fahrzeugs und schusssicherer Westen kann kaum anders als ein Aufrüsten interpretiert werden.

Nun waren viele Hintergründe dieser Einkaufstouren vor allem durch die verdeckten Überwachungs- und Abhörmaßnahmen der italienischen Polizei überhaupt erst ans Licht gekommen. Doch führte das auf der anderen Seite auch dazu, dass Stimmen laut wurden, man hätte doch sicher die Morde in Duisburg verhindern können, wenn man diese Erkenntnisse frühzeitig gekannt und genutzt hätte. Wir haben jedoch das vorliegende Material minutiös ausgewertet und meiner Meinung nach hätte man selbst bei sofortiger und sehr zeitnaher Auswertung der Äußerungen die Morde nicht voraussagen können – das ist meine Überzeugung, zu der ich bis heute stehe. Man hätte sehr wohl vorhersagen können, dass es bald in Italien zu einem Vorfall kommen werde, es war jedoch nicht mit einer solchen Tat in Deutschland zu rechnen. Auch wenn man einmal die Jahre oder Jahrzehnte vor 2007 nimmt, kommt man immer wieder zu dem Schluss, dass in Deutschland im Grunde nichts geschehen ist, das sich auf die Mafia zurückführen lässt. Gab es Tötungsdelikte, dann geschahen die in Italien, Deutschland dagegen war wie gesagt allein das Rückzugsland der Täter. So war es vor der Duisburger Tat und so ist es auch noch heute.

Aber kommen wir noch einmal zurück zu der Tatnacht. Unmittelbar vor den Schüssen, das ergaben die Ermittlungen, hatte im »Da Bruno« eine Feier stattgefunden. Nachdem alle Gäste das Lokal verlassen hatten, wurde es abgeschlossen, und zurück blieben allein die später erschossenen sechs Männer. Die haben nun besagte Feier gefeiert und dabei nicht zuletzt jenes Ritual abgehalten, mit dem der gerade volljährig gewordene Tommaso Francesco V. in die 'Ndrangheta aufgenommen werden sollte. Die Figur des heiligen San Michele mit dem ausgebrannten Kopf haben wir in der Hosentasche des jungen Opfers gefunden.

Wir haben aber nicht nur diesen Teil des Abends weitgehend rekonstruieren können, wir konnten auch den eigentlichen Tathergang sehr gut nachvollziehen. In diesem Zusammenhang muss man wissen, dass im gesamten Bereich des Klöckner-Hochhauses und damit des Tatortes Überwachungskameras installiert sind. Allerdings handelte es sich bei der verwendeten Technik um ein System, dessen Aufnahmequalität bei Weitem nicht mit der von Kameras aktueller Generationen zu vergleichen ist. Wir hatten es vielmehr mit Kameras zu tun, die in den Siebzigerjahren angeschafft worden waren – damals herrschte im ganzen Land Angst vor den Terroristen der Roten-Armee-Fraktion (RAF), und Kamerasysteme wie diese sollten für eine gewisse Abschreckung und Schutz sorgen. Denn gerade das Unternehmen Klöckner war damals ebenfalls in das Visier der Terroristen geraten. Daraufhin war das gesamte Gebäude gesichert und eben auch mit besagten Überwachungskameras ausgestattet worden. Weil diese Anlage 2007 inzwischen einige Jahre auf dem Buckel hatte, waren die aufgenommenen Bilder eben nicht von allerbester Qualität. Trotzdem haben gerade diese Aufnahmen uns sehr bei der Rekonstruktion der Tat geholfen. Dabei ging es nicht zuletzt um die Feststellung, welcher Täter in welche Richtung geflüchtet ist. Auch der genaue Zeitpunkt der Schüsse und woher welcher Schuss kam ließ sich so sehr genau nachvollziehen.

Außerdem konnten wir anhand der Aufnahmen den gesamten Fahrzeugverkehr auswerten, wir wussten also, welche Fahrzeuge in der Nacht dort entlanggefahren waren. Das galt nicht nur für die auf den Aufnahmen wirklich sichtbaren Fahrzeuge, sondern auch für jene, die wir nur als Spiegelungen in Scheiben erkennen konnten – stießen wir so zum Beispiel auf ein Taxi, das zu einem bestimmten Zeitpunkt dort entlanggefahren sein musste, dann haben wir auch das noch ermittelt. Zu sagen, »wir haben das ermittelt«, macht allerdings nicht wirklich klar, welcher Aufwand damit verbunden war.

Letztlich konnten wir jedoch nicht nur feststellen, wohin die mutmaßlichen Täter geflohen waren, wir konnten anhand von Fotomessverfahren auch ermitteln, wie groß diese Männer waren. Wir konnten zudem herausfinden, dass unmittelbar vor der Tat in einer Parallelstraße Fahrzeuge gefahren waren, anhand deren individueller Scheinwerferoptik es uns möglich war, den genauen Typ der jeweiligen Fahrzeuge festzustellen. Wir werteten des Weiteren Schatten aus, die uns zeigten, wann eine Person ein Fahrzeug verlassen hatte. Damit beschäftigte sich eine ganze Gruppe von Tatortspezialisten, die zusammen mit Experten, etwa vom Fraunhofer-Institut, der Sachverständigenorganisation Dekra oder dem Scheinwerferhersteller Hella, unzählige Einzelheiten und Details untersuchten. Zu den Ermittlungen gehörte ebenfalls, dass wir mehrfach nachts die Straße in dem Sichtfeld der Kameras des Gebäudes sperrten, um Rekonstruktionen durchführen zu können. Insgesamt haben wir uns die Ermittlungen und damit das Leben in dieser Zeit wirklich nicht leicht gemacht, sondern vielmehr wirklich alles getan, was getan werden konnte.

Was mich vor diesem Hintergrund vor allem ärgerte, war der Umstand, dass wir keinen Zugriff auf wichtige Daten bekamen. Wir hatten einen Tatzeitraum um die Zeit von 2.25 bis 2.30 Uhr in der Nacht, und damit eine Zeit, in der recht wenig Verkehr auf den Straßen der Stadt und auf den Autobahnen herrschte. So war es naheliegend, dass die Täter nun versuchen würden, recht zügig aus Duisburg wegzukommen. Die Angaben des schon erwähnten als Zeugen vernommenen Zeitungsboten ließen vermuten, zumindest eines der Fahrzeuge sei über ein nahe liegendes Autobahnkreuz auf eine Autobahn geflüchtet. Jeder Insider weiß, dass die gesamten Fahrzeugbewegungen dort – egal ob Lkw oder Pkw – im Rahmen des Mautsystems erfasst werden. Die Fahrzeuge beziehungsweise deren Kennzeichen werden erfasst, um auf dieser Basis dann die Mautgebühren berechnen zu können. Natürlich sind diese Daten auch für die Polizei interessant, und sie wären gerade für diese Nacht ausgesprochen wichtig gewesen, nur bekamen wir darauf eben keinen Zugriff. Wir haben alles versucht, an diese Daten heranzukommen – doch man verbarg sich hinter dem Begriff Datenschutz und gab keinerlei Angaben preis. Mir wird regelrecht schlecht, wenn ich an so etwas denke. Für mich bedeutet Datenschutz nämlich einen verantwortlichen Umgang mit Daten im Interesse der Bevölkerung. In diesem Zusammenhang aber frage ich mich wirklich, warum erfasste Daten nicht zur Verfügung gestellt werden, wenn es um flüchtige Täter geht, die nicht weniger als sechs Menschen erschossen haben. Meiner Meinung nach haben gewisse Personen vor allem aus dem politischen Bereich den eigentlichen Sinn des Datenschutzes bis heute nicht wirklich verstanden. Natürlich bin auch ich der Meinung, die Polizei muss nicht auf alles und auch nicht auf alle Daten Zugriff haben. Aber wir leben schließlich in einem Land mit einer unabhängigen Richterschaft. Da sollte es doch möglich sein, im Einzelfall einen Richter zu bemühen, der einen Beschluss fasst, der die Rechtsstaatlichkeit gewährleistet.

EIN (FAST) PERFEKTER MORD

Es gab während meiner aktiven Zeit immer wieder Fälle, in denen man ein gewisses Verständnis für einen Täter entwickelt hat – und es gab Fälle wie die Mafiamorde, bei denen es allein um die Aufklärung einer Tat ging. Gerade das kann manchmal wahrhaft kompliziert werden, vor allem dann, wenn ein Fall einer perfekten Tat oder einem perfekten Mord schon sehr nahekommt.

Mit einem solchen Fall bekamen wir es im Jahr 1995 zu tun. Ich kann mich an diesen Fall aus verschiedenen Gründen noch sehr gut erinnern – unter anderem deshalb, weil er sich einen Tag vor dem Heiligabend zutrug. An diesem Tag erhielten wir einen Anruf der Polizei der Stadt Wesel. Die Kollegen teilten uns mit, man habe eine Nacht zuvor gegen fünf Uhr morgens an der Verbindungsstraße zwischen Dinslaken und der Autobahn 59 in Richtung Duisburg am Straßenrand einen Geländewagen vom Typ Opel Frontera aufgefunden. Der Motor des Wagens sei noch gelaufen und es hätte sich bereits eine Wasserlache unter dem Auspuff gebildet gehabt. Hinter dem Steuer habe ein zusammengesunkener junger Mann gesessen. Dieser Mann hatte sich offensichtlich auch im Fahrzeug erbrochen, ein herbeigerufener Notarzt stellte schließlich den Tod des Mannes fest. Die Kollegen in Wesel hätten daraufhin den Hausarzt des Verstorbenen und auch Angehörige befragt, man sei jedoch auf keinerlei Krankheitsgeschichte gestoßen, durch die der plötzliche Tod erklärbar wäre. Für einen damals gerade einmal 34-jährigen Mann war es eigentlich noch zu früh, einfach so und ohne äußerliche Einwirkung zu sterben. Man konnte also nicht von einem wirklich natürlichen Tod ausgehen.

Dass eventuell eine andere Ursache vorlag, darauf gab es zudem Hinweise in Form von hellroten Leichenflecken am Körper des Verstorbenen. Solche hellroten Leichenflecken kommen entweder bei einem Kältetod oder durch eine Kohlenmonoxidvergiftung zustande. Bei Letzterem wiederum besteht zunächst einmal die Frage, wie diese sich nachweisen lässt. Die Antwort darauf lautet: durch eine Obduktion. Eine solche war dann auch durch die Staatsanwaltschaft angeordnet worden, und sie ergab, dass sich im Blut des Mannes eine absolut tödliche Konzentration von Kohlenmonoxid befand. Genauer gesagt konnte im Blut ein CO-Gehalt von 41 Prozent festgestellt werden. Grundsätzlich wird ab einem CO-Gehalt von 20 Prozent im Blut von einer tödlichen Menge gesprochen.

Nur gab es keine Erklärung dafür, wie es zu dieser Konzentration gekommen sein konnte. Natürlich wurde der Wagen untersucht, der allerdings war mit einem Katalysator ausgerüstet, der einwandfrei funktionierte. Der Wagen wurde daraufhin zu der Sachverständigenorganisation Dekra geschleppt und dort noch einmal untersucht. Auch dort konnte keinerlei Defekt oder Fehlfunktion festgestellt werden. Weil man an dieser Stelle nicht mehr weiterwusste und der Verdacht eines Tötungsdeliktes gegeben war, wurden nun eben wir, die Mordkommission aus Duisburg, eingeschaltet.

Auch wir konnten jedoch bei einer nochmaligen Untersuchung des Wagens nichts feststellen, auch fanden wir an dem Toten keine Nadeleinstichstellen. Insgesamt waren wir mit den bisherigen Ergebnissen gelinde ausgedrückt unzufrieden.

Wie wir dann bei Abklärung des Verstorbenen herausfinden konnten, war das Opfer Raimund L. seit einiger Zeit mit einer Frau namens Marion K. liiert. Beide lebten zusammen, und sie waren offensichtlich sehr glücklich gewesen. Das brachte uns also nicht wirklich weiter. Wir haben dann den Wagen noch einmal mit Kollegen der kriminaltechnischen Untersuchungsstelle komplett auseinandergenommen und haben dabei auch die Sitze beziehungsweise deren Schaumstoffpolster auf eventuelle Ausdünstungen untersuchen lassen, doch all das führte zu nichts.

Nach fast einem ganzen Tag der Suche machte ein Kollege dann eine entscheidende Entdeckung: Dem fiel nämlich eine Nadeleinstichstelle im Bereich der B-Säule des Autos auf, also im Bereich zwischen den vorderen und den hinteren Türen. Der Durchmesser dieser Einstichstelle war winzig, es hätte bestenfalls eine Kugelschreibermine hindurchgepasst. Daraufhin haben wir natürlich überlegt, was diese Einstichstelle zu bedeuten hatte, und wir haben dazu unterschiedliche Hypothesen aufgestellt – bis wir schließlich zu dem Schluss kamen, dass jemand über diese Einstichstelle giftiges Gas, genauer gesagt CO-Gas, in den Opel Frontera des Raimund L. geleitet haben musste. Was dann wieder zu weiteren Fragen führte: Wer hatte das CO-Gas in den Opel geleitet? Und warum? Also die Frage nach einem möglichen Motiv.

Bei einer weiteren Vernehmung der Lebensgefährtin Marion K. stellte sich heraus, dass Raimund L. an dem besagten Tag Frühschicht gehabt hätte. Er war daher tief in der Nacht aufgestanden und kurz vor fünf Uhr morgens hinaus zu seinem Wagen gegangen. Von diesem Startpunkt aus hatte er offensichtlich noch zwei Kilometer fahren können, bevor er hinter dem Steuer zusammensackte. Marion K. gab außerdem an, sie selbst habe bis vor einiger Zeit noch einen anderen Freund gehabt. Dieser Mann hieß Norbert R. und arbeitete als Mess- und Regeltechniker bei einer großen Firma in Duisburg – was uns dann doch ein wenig hellhörig machte. Damit war davon auszugehen, dass besagter Norbert R. an seiner Arbeitsstelle auch Zugang zu CO-Gasen hatte, was eine wichtige und interessante Information darstellte.

Wir haben uns dann natürlich um diesen Exfreund gekümmert, sein Umfeld abgeklärt und ihn anschließend vernommen. Der Mann legte jedoch anfangs kein Geständnis ab und konnte für den Tatzeitraum sogar ein Alibi vorzeigen: Er habe die ganze Nacht bis morgens um sechs Uhr gearbeitet und das könne man an seiner Stempelkarte auch überprüfen. Trotz dieser Angaben erwirkten wir über die Staatsanwaltschaft einen Durchsuchungsbeschluss für die Wohnung und Arbeitsstelle des Tatverdächtigen. Dabei entdeckten wir in seinem Spind eine Gasflasche. Diese wies eine Besonderheit auf: An ihr befand sich eine umgebaute Spitze in Form einer Sonde, deren Durchmesser exakt der Einstichstelle in dem Opel des Opfers entsprach.

Nun erst gestand Norbert R. Er war nicht über die Trennung von seiner Exfreundin hinweggekommen und hatte sie über Wochen wie ein Stalker intensiv beobachtet. Dabei bekam er auch die Lebensgewohnheiten ihres neuen Freundes Raimund L. mit, woraufhin in ihm der Entschluss reifte, diesen vermeintlichen Rivalen umzubringen. Er hatte dann auf seiner Arbeitsstelle die Gasflasche entwendet und selbst dafür die neue Spitze angefertigt. In besagter Nacht war er schließlich während seiner eigenen Nachtschicht aus dem Werk verschwunden und erreichte gegen 4.30 Uhr die Wohnung von Marion K. und Raimund L., vor der er den abgestellten Opel Frontera entdeckte. Dann hatte er mit der selbstgefertigten Sonde beziehungsweise Lanze auf Höhe der B-Säule das Türgummi durchstoßen und ließ über einen Zeitraum von einer Viertelstunde eine Mischung aus Kohlenmonoxid und dem farblosen Edelgas Argon in das Wageninnere strömen. Er hatte den Wagen also regelrecht mit den Gasen geflutet, musste seine Aktion allerdings abbrechen, als er sah, dass im Hausflur das Licht eingeschaltet wurde. Er verfolgte anschließend, wie sich Raimund L. in Richtung des Autos bewegte, und verschwand umgehend mit der Gasflasche und seinen weiteren Utensilien in Richtung seines eigenen Wagens.

Von dort beobachtete er nun, wie sein Rivale in den Opel stieg. Und er konnte auch feststellen, dass der die Fahrzeugtür nach kurzer Zeit wieder verschloss, so dass kaum Gas aus dem Innenraum nach außen strömen konnte. Auch die Fenster des Wagens blieben verschlossen, schließlich war es Dezember, es war Nacht, und es war natürlich kalt an der frischen Luft. Norbert R. ist dem Auto des Raimund L. noch eine Weile gefolgt, und er konnte sehen, wie dieser schließlich über dem Lenkrad zusammensackte. Daraufhin ist er zurück zu seiner Arbeitsstelle gefahren, wo er ganz normal um sechs Uhr in der Frühe ausstempelte und sich damit ein technisches Alibi besorgte – was auch ein Grund dafür war, dass der Mann nicht bereits früher auffiel. Denn als man ihn erstmals überprüfte, konnte er den Kollegen seine Stempelkarte vorlegen, die zu beweisen schien, dass er bis um sechs Uhr seiner regulären Arbeit nachgegangen war – er hatte also ein überzeugendes Alibi.

Im Rahmen der Vernehmungen gab er nun jedoch alles zu. Er hatte offensichtlich gehofft, Raimund L. würde mit seinem Wagen noch etwas weiter kommen als die zwei Kilometer, nach denen er schließlich mit dem Opel am Straßenrand ausrollte und starb. Denn hätte er es bis auf die Autobahn geschafft und hätte er sich dort bei höherer Geschwindigkeit eventuell mit dem Auto überschlagen, dann wäre vermutlich nie eine Obduktion durchgeführt worden. Man hätte den Vorfall vielmehr als Verkehrsunfall und Raimund L. als Unfalltoten abgetan – womit dieser fast perfekte Mord dann tatsächlich unentdeckt geblieben wäre.

Im Endeffekt jedoch wurde Norbert R. zu einer langjährigen Haftstrafe verurteilt. Allerdings nicht wegen Mordes, sondern wegen der Beibringung von Giftgas. Die Strafe war daher nicht ganz so hoch wie bei einem Mord, sie fiel aber mit einer Haftstrafe von 14 Jahren immer noch massiv aus. Und zwar aus gutem Grund, wie ich meine: Die Tat hat einen jungen Menschen das Leben gekostet und sie hat das Leben eines Paares zerstört.

Auf der anderen Seite war es für uns in kriminalistischer Hinsicht ein äußerst interessanter Fall. Schließlich hatten wir mehrere Tage benötigt, bis wir schließlich auf die winzige Einstichstelle im Auto stießen und bei uns sozusagen der Groschen fiel. Sicher gilt der Satz, dass keine Tat ohne Motiv geschieht – hinzu kommt aber, dass wir immer auch wissen müssen, wie denn eine Tat geschehen ist. Genau das hätten wir aber womöglich nie erfahren, wenn Kollegen das Auto nicht intensiv und quasi mit der Lupe untersucht hätten. Für uns als Kriminalisten hat das außerdem dazu geführt, dass wir uns mit spezifischen Details beschäftigt haben, wie etwa mit der Frage, ab welcher Menge CO denn tatsächlich tödlich ist. Ich habe mich daraufhin mit dem Thema beschäftigt und in rechtsmedizinischen Abhandlungen gelesen, dass dieses CO einen Menschen handlungsunfähig macht, der Mensch sich also im Grunde gar nicht gegen den Geschehensablauf wehren kann.

Man merkt zwar sehr wohl, dass irgendetwas mit einem geschieht, nur ist es unmöglich, gegenzusteuern. Das Opfer in diesem Fall hätte im Grunde die Seitenscheibe des Wagens herunterlassen können, um frische Luft in den Innenraum strömen zu lassen – aber der junge Mann war einfach handlungsunfähig.

Ich behaupte daher auch, hinter manchem tödlichen Unfall auf der Autobahn verbirgt sich etwas ganz anderes als einfach nur ein Verkehrsunfall. Aus diesem Grund appelliere ich auch an die Kollegen, sich bei einem tödlichen Unfall die Leichen der Opfer genauer anzuschauen. Wie sehen die Leichenflecken aus? Gibt es Hinweise auf äußere Einwirkungen? In diesem Bereich muss sich bei der Polizei noch viel tun, vor allem müssen mehr Untersuchungen unter Beteiligung der rechtsmedizinischen Institute durchgeführt werden – weil es eben viele Details gibt, die ein Polizeibeamter ohne Unterstützung der Rechtsmedizin gar nicht erkennen kann. Auch in diesem Fall war es nur durch Beteiligung der rechtsmedizinischen Institute möglich, eine CO-Bestimmung durchzuführen. Also müsste in einem vergleichbaren Fall zumindest eine Blutprobe des Opfers genommen werden, um eben das Blut untersuchen zu lassen.

Ich erinnere mich auch an vollkommen anders gelagerte Fälle, bei denen ein Fortschritt der Ermittlungen ohne die Unterstützung durch die Rechtsmedizin kaum erreichbar gewesen wäre. Ich denke in dem Zusammenhang an den Fall eines Mannes aus dem Trinkermilieu, der tot in einem Hausflur liegend aufgefunden wurde. Der Mann war bei seinem Tod wahrscheinlich allein gewesen, und man fand an der Leiche keine äußeren Merkmale, die auf eine unnatürliche Todesursache hinwiesen. Allerdings wusste man, dass in der Wohnung des Toten immer wieder einmal Saufgelage stattgefunden hatten.

Dieser Mann wurde 54 Jahre alt, und trotz seiner Zugehörigkeit zur Trinkerszene sagte der Hausarzt, es habe bei ihm keine entsprechende Krankheitsvorgeschichte gegeben, wie vielleicht zu vermuten gewesen wäre, er sei vielmehr im Grunde immer gesund gewesen. Daraufhin ließen wir in Absprache mit der Staatsanwaltschaft eine Obduktion durchführen. Der Rechtsmediziner fand dabei heraus, dass sowohl die Kehlkopfhörner als auch das Zungenbein des Toten gebrochen waren. Der Mann hatte also offensichtlich einen Schlag auf den Kehlkopf bekommen, der dann zum Erstickungstod führte. Äußerlich aber war an der Leiche eben überhaupt nichts zu entdecken oder festzustellen.

Wir haben daraufhin noch einmal die Nachbarn befragt und fanden so heraus, wer vor dem Vorfall mit dem Mann zusammen war. Diese Person legte schließlich ein Geständnis in der Form ab, dass es Streit um Alkohol gegeben habe. Dabei war der Verstorbene mit rund zwei Promille Blutalkohol gestürzt und wurde von dem zweiten Mann mit der Faust auf den Kehlkopf geschlagen, als er bereits am Boden lag.

Auch diese Tat wäre ohne rechtsmedizinische Untersuchung unentdeckt geblieben. Oder wie es ein bekannter Todesermittler einmal gesagt hat: Die Schwierigkeit besteht nicht darin, ein Tötungsdelikt aufzuklären, die Schwierigkeit besteht vielmehr darin, ein Tötungsdelikt überhaupt erst zu erkennen.

DER TOD KAM WÄHREND DER HAUSAUFGABEN

Nun war es während meiner Laufbahn jedoch nicht so, dass wir uns ausschließlich mit Morden zu beschäftigen hatten. Vielmehr gab es auch vollkommen anders gelagerte Fälle, die manchmal noch sehr viel trauriger als mancher Mord waren. Einer dieser Fälle trug sich im Jahr 1999 zu.

Damals sollte in einer Kirchengemeinde im Duisburger Westen das undichte Dach des Gemeindehauses repariert werden. Bei diesem Dach handelte es sich um ein Flachdach mit einer Fläche von mehreren Hundert Quadratmetern, und dieses Dach war mit Kies beschichtet. Eine Dachdeckerfirma wurde mit der Reparatur des Daches beauftragt, die sich auch bald an die Arbeit machte. Während die Reparaturen durchgeführt wurden, lief der Betrieb in der Kirchengemeinde weiter. Dazu zählte unter anderem, dass ehrenamtliche Mitarbeiter in dem Gebäude Kindern Unterricht erteilten beziehungsweise die Kinder bei deren Schularbeiten betreuten.

Auf dem Dach geschah derweil Folgendes: Die Arbeiter schaufelten den über die Fläche verteilten Kies auf einem begrenzten Dachbereich zusammen. Die Dachkonstruktion selbst bestand aus Holz und Teerpappe, und diese Dachfläche ruhte auf Holzbalken, die wiederum auf sogenannten Eisenwinkeln auflagen. Da aber das zuvor über die gesamte Fläche des Daches verteilte Gewicht des Kieses sich nun an einem Punkt sammelte, bog sich das Dach durch, die Balken verloren ihre Auflagefläche an den jeweiligen Enden und das Dach stürzte ein. Dabei starben zwei kleine Kinder und zwei der Erwachsenen, die hier auf freiwilliger Basis die Kinder bei ihren Schulaufgaben unterstützten.

Für uns stellte sich der Fall zunächst so dar, dass wir Meldung über einen Unglücksfall mit mehreren Toten erhielten. Sofort machten sich Feuerwehrwagen, Rettungswagen, der Notarzt, wir als Polizei und natürlich auch eine unvermeidliche Menge an Medienvertretern auf den Weg zum Unglücksort.

Es war klar, dass vor Ort zunächst einmal der Rettungseinsatz laufen musste. Aber es gab eben auch mehrere Tote, für die wir eine an das Gebäude grenzende Garage zu einer Leichensammelstelle umfunktionierten. Dorthin wurden die Toten zuerst gebracht, da sie noch identifiziert werden mussten. Zusätzlich gab es bei diesem Fall das Problem, dass bald viele Eltern zu dem Unglücksort eilten, weil sie dort ihre Kinder zu finden hofften – lebend. Es erschienen dabei auch Eltern, die nur vermuteten, ihre Kinder hätten sich in dem Gebäude aufgehalten – was sich allerdings als falsch erweisen sollte. Es war also kurz gesagt recht viel los und es gab daher organisatorisch einiges zu bewältigen.

Nachdem die Toten identifiziert waren, haben wir einen großen Abschnitt gebildet, der sich der Fürsorge für die Hinterbliebenen und ihrer Versorgung widmete. Wir zogen dazu auch Notfallseelsorger hinzu. Das bedeutete insgesamt, dass uns zwar einiges an Arbeit abgenommen wurde, auf der anderen Seite mussten wir aber natürlich immer noch die Unglücksursache ermitteln, was in einem solchen Fall im Grunde nur möglich ist, wenn mit Sachverständigen zusammengearbeitet wird. Wir haben also einen Experten hinzugeholt. Gleichzeitig aber mussten wir uns mit den Dachdeckern beschäftigen, deren wirklicher Anteil an dem Unglück zu diesem Zeitpunkt noch gar nicht bekannt war. Sie wurden zunächst einmal allesamt als Beschuldigte vernommen, weil sie offensichtlich fahrlässig oder vorsätzlich den Unfall herbeigeführt hatten – ob es sich um Fahrlässigkeit oder Vorsatz handelte, das war zu diesem frühen Zeitpunkt noch nicht klar. Es musste in diesem Zusammenhang außerdem geklärt werden, wer für die Arbeiten verantwortlich war, mit wem Vorbesprechungen durchgeführt worden waren, wer über das genaue Vorgehen entschieden hatte und so weiter und so fort. Zudem haben wir den gesamten Kies mit einer Saugmaschine aufsaugen lassen, damit er in seiner Gesamtheit gewogen werden konnte und, wenn nötig, später dem Sachverständigen zur Verfügung stand.

Tatsächlich konnte festgestellt werden, dass die punktuelle Dachlast durch den Kies viel zu hoch war. Dennoch konnte nicht zweifelsfrei gesagt werden, ob genau das der alleinige Auslöser für das Unglück gewesen war. Denn schon beim Bau des Daches war Holz verwendet worden, das zu Beginn noch gar nicht richtig durchgetrocknet war. So kam es dann im Laufe der Jahre zu Schrumpfungsprozessen im Holz, die wiederum zur Folge hatten, dass die Balken schon vor dem eigentlichen Unglück nicht mehr so auf ihren Haltern auflagen, wie es ursprünglich vorgesehen war: Statt auf acht lagen sie nur auf vier Zentimetern auf, das Durchbiegen der Balken aufgrund der hohen Kieslast zog das Holz also wesentlich früher vollkommen von den Halteflächen, als es der Fall sein sollte. Um all das ermitteln zu können, mussten zunächst natürlich unter anderem die Baupläne des Gebäudes besorgt und studiert werden. Es handelte sich also um eine recht umfangreiche Ermittlung, vor allem aber handelte es sich um einen sehr traurigen Fall in Bezug auf die Opfer.

Hinzu kommt in solchen Fällen immer wieder der Spagat zwischen Betroffenheit und dem Willen, am Ende brauchbare Ermittlungsergebnisse vorlegen zu können. Es gab auf der einen Seite Todesopfer, es gab Angehörige und Hinterbliebene, mit denen entsprechend umgegangen werden musste, und es gab auch Umstände, die absolut grausam waren. Auf der anderen Seite gab es jedoch für uns einen Fall, der kriminalistisch zu bearbeiten war. Kriminalistisch stellte gerade dieser Fall zwar eine Herausforderung dar, die wirkliche Herausforderung bestand aber eben in der Kombination aus Ermittlungen und dem Umgang mit den Opfern beziehungsweise dem Schutz der Angehörigen. Letzteres ist ein immens wichtiger Punkt, nur darf man trotzdem nicht vergessen, ein Ermittlungsergebnis zu produzieren, das dann einer Gerichtsverhandlung standhält.

In diesem Fall sind die Dachdecker einschließlich desjenigen, der die Vorgehensweise bei den Arbeiten festgelegt hatte, wegen fahrlässiger Tötung verurteilt worden.

Da hier unschuldige Kinder zu Tode kamen und ihr Leben bereits im Alter von rund acht Jahren endete, mag der Fall für manchen Leser besonders grausam wirken. Bei der Polizeiarbeit hat man es jedoch leider in jedem Jahr erneut mit Fällen zu tun, in denen Kinder durch Unglücksfälle zu Tode kommen.

Ich persönlich erinnere mich unter anderem an einen Fall, bei dem eine Mauer umgestürzt und auf ein dreijähriges Kind gefallen ist, das dabei tödlich verletzt wurde. Da graust es einen dann schon, und man fragt sich, warum so etwas auf der Welt geschieht. Und tatsächlich bleiben solche Fälle sehr viel stärker an einem hängen als ein Tötungsdelikt unter Erwachsenen. Man muss sich einfach nur einmal vorzustellen versuchen, dass ein Kind beim Schaukeln auf einem Spielplatz stirbt, weil sich der Schal des Kindes an dem Gerüst verheddert, das Kind dann abrutscht und sich quasi selbst stranguliert. Das sind äußerst traurige Fälle, die in dieser oder ähnlicher Form zu meinem Leidwesen immer wieder geschehen.

DER TRAGISCHE FALL DER TÜREL Y. – UND EIN STARANWALT NAMENS BOSSI

Wenn wir nun aber zurückkehren zu den Kriminalfällen beziehungsweise Tötungsdelikten, dann gab es während meiner Laufbahn mehrmals Taten, bei denen mir dieselben Hintergründe untergekommen sind – wie zum Beispiel bei den sogenannten Ehrenmorden. Bei der Problematik der »Morde im Namen der Ehre« steht überwiegend das verletzte Ehrgefühl von Männern im Raume, und man tut bisweilen so, als wäre das eine Spezialität unserer ausländischen Mitbürger. Das ist jedoch nicht grundsätzlich so. Es gibt zahlreiche Fälle, in denen deutsche Täter aus verletztem Stolz oder gekränktem Ehrgefühl heraus ein Verbrechen begangen haben.

Der Begriff der Ehre, manchmal auch der verletzten Familienehre, wird in vielen Strafverfahren als eine Art Verteidigungsstrategie benutzt und dabei dann mit dem kulturellen Ursprung des Täters begründet. Diese Strategie ist zwar schnell durchschaubar, kommt aber regelmäßig dort zum Einsatz, wo ein Verteidiger etwa hofft, eine Anklage wegen Mordes auf einen Totschlag reduzieren zu können. So werden kulturell begründete Zwangshandlungen in vielen Fällen nur vorgetäuscht und sollen persönliches, vielleicht auch charakterliches Fehlverhalten rechtfertigen. Dieses individuelle Fehlverhalten kann in der mangelnden Fähigkeit zur Kommunikation, in der Missachtung bestehender Rechte oder in der Geringschätzung der Bedürfnisse anderer liegen, insbesondere der Bedürfnisse eines vielleicht ehemals geliebten Partners. Es ist eben einfacher, die eigene Kultur für Straftaten im Namen der Ehre verantwortlich zu machen als sich selbst.

Im Jahr 2003 wurde in Dinslaken am frühen Morgen eine junge Frau erschossen, als sie gerade in ihren Peugeot 206 steigen wollte. Als offensichtlicher Täter galt ihr Ehemann, der noch vor Ort festgenommen werden konnte. Die Frau und ihr Ehemann waren jeweils türkischer Herkunft.

Nach der Tat wurde umgehend die Mordkommission informiert. Es stellte sich heraus, dass die ermordete Frau 34 Jahre alt war, Türel Y. hieß und den größten Teil ihres Lebens in Deutschland verbracht hatte. Von ihren Eltern war die sehr attraktive Frau nach westlichen Werten erzogen worden, und sie hatte von den Eltern alle Freiheiten gewährt bekommen, etwa als es um die Wahl ihres Berufes ging. Das galt auch für die Freiheit bei der Wahl ihres Ehemannes.

Im Alter von etwa zwanzig Jahren allerdings traf sie in Bezug auf den Ehemann eine verhängnisvolle Wahl: Diese fiel nämlich auf den Spross eines sehr konservativen türkischen Clans. Obwohl sie bis dahin frei nach westlichen Werten gelebt hatte, trug Türel Y. nach der Hochzeit mit ihrem gleichaltrigen Mann Sebahattin nun Kopftuch, auch durfte die gelernte Industriekauffrau nicht mehr arbeiten. Sie durfte nicht einmal mehr selbst kochen, weil die junge Familie fortan bei der Schwiegermutter die Mahlzeiten zu sich nahm. Im Jahr 1990 brachte Türel Y. schließlich einen Sohn zur Welt. Der Ehemann wiederum nahm sich alle Freiheiten, von denen er meinte, sie würden ihm zustehen. Dazu zählten auch andere Frauen, außerdem soll er seine Ehefrau immer wieder misshandelt haben. Türel Y. versuchte nun bald immer öfter, aus dem Korsett ihrer Ehe auszubrechen, kehrte dann aber doch immer wieder zu ihrem Mann zurück – wohl auch infolge von Drohungen des Clans. So ging es über Jahre weiter, bis Türel Y. sich im Jahr 2003 endgültig von ihrem Mann trennte und die Scheidung einreichte. Der gemeinsame Sohn war inzwischen dreizehn Jahre alt.

Nach der Trennung hatte sich Türel Y. mit ihrem Sohn eine Wohnung in Dinslaken genommen, sie hatte zudem bei einem Sicherheitsdienst am Düsseldorfer Flughafen eine Anstellung gefunden – und lebte nun tatsächlich wieder ihr eigenes Leben. Was jedoch beileibe nicht jedem gefiel. In der Zeit nach der Trennung hatten sowohl der Ehemann als auch dessen Brüder massiv auf Türel Y. eingewirkt, sie solle der Familie keine Schande bereiten und aus diesem Grund zu der Familie zurückkehren. Würde sie das nicht tun, dann würde etwas geschehen. Die junge Frau ließ sich von derartigen Drohungen jedoch nicht beeindrucken und lebte weiter ihr neues Leben.

Jedenfalls bis zum 17. Juni 2003, dem Tag, an dem Türel Y. sterben sollte. Der verlassene Ehemann hatte sich an jenem Tag schon frühmorgens auf der Kellertreppe eines Nachbarhauses versteckt. Als seine Frau ihre Wohnung verließ, hat er sie mit sieben Schüssen regelrecht hingerichtet – die Kugeln trafen sie in Kopf, Rücken und Oberschenkel. Der Täter warf die Waffe anschließend ins Gras und ließ sich von der eintreffenden Polizei widerstandslos festnehmen. Zum Zeitpunkt seiner Festnahme hatte der Ehemann 0,6 Promille Alkohol im Blut, was allerdings kein Zufall war: Schon zuvor soll Sebahattin Y. zu Freunden gesagt haben, er werde sich betrinken und dann seine Frau erschießen – weil man in Deutschland für eine Tat unter Alkoholeinfluss keine hohe Strafe bekomme.

Nun ist es aber so, dass bei derartigen Delikten zwei Blutproben in einem gewissen zeitlichen Abstand genommen werden, weil Mediziner auf dieser Basis errechnen können, wie hoch der Blutalkoholwert zum Zeitpunkt der Tat gewesen ist. In diesem Fall ergaben die Berechnungen, dass der Blutalkoholwert zum Zeitpunkt der Tat noch unter 0,8 Promille gelegen hatte – seinerzeit durfte man mit 0,8 Promille noch Auto fahren. Der Täter konnte also als voll schuldfähig gelten.

Bemerkenswert an diesem Fall ist aber außerdem, dass die Familie des Ehemannes und Täters nur wenige Stunden nach der Tat Kontakt zu Rolf Bossi aufnahm. Der galt über viele Jahre als der wohl bekannteste Strafverteidiger Deutschlands. Zu Bossis Klienten zählten Prominente wie die Schauspielerinnen Romy Schneider und Ingrid van Bergen, er verteidigte aber auch den Serienmörder Fritz Honka, den Oetker-Entführer Dieter Zlof oder den Geiselnehmer Dieter Degowski, dessen Name untrennbar mit dem Gladbecker Geiseldrama verbunden ist. Es wurde bald aus gesicherter Quelle außerdem bekannt, dass eine beachtliche Summe Geld an Herrn Bossi geflossen sei, der zu dem Täter gesagt haben soll, dieser brauche sich keine Sorgen zu machen, man werde ihn schon freibekommen. Nur konnte im Rahmen der Gerichtsverhandlung eindeutig bewiesen werden, dass der Ehemann die Tötung seiner Frau geplant hatte, so dass es zu einer Verurteilung und damit zu einer lebenslangen Freiheitsstrafe kam.

Das allerdings hatte wieder unerwartete Folgen: Denn der 2015 verstorbene Rolf Bossi veröffentlichte im Jahr 2005 ein Buch mit dem Titel *Halbgötter in Schwarz,* in dem er selbst sich als Saubermann darstellte, den die Richter immer wieder auszutricksen versuchten. Sowohl in Interviews als auch in seinem Buch ignorierte Bossi beharrlich, dass es Zeugen für die Planung des Mordes an Türel Y. gab.

Dieser Fall ist übrigens nicht meine einzige Erinnerung an Herrn Bossi. Der Name tauchte vielmehr noch in einem anderen Fall auf, in dem ein Mann von drei Brüdern getötet wurde. Diese drei Brüder konnten schließlich ermittelt werden, und es stand fest, dass es sich bei einem dieser Brüder um den Haupttäter handelte, der den Mann erstochen hatte. Die beiden anderen Brüder hatten während der Tat im Grunde nur danebengestanden.

Der Richter hatte daher vor, diese beiden Männer zu entlassen. Der Haupttäter dagegen sollte bis zu der Verhandlung in Haft bleiben. Nur war in diesen Fall eben auch Rolf Bossi involviert. Der wiederum hatte nun einen Beweisantrag gestellt, laut dem alle drei Männer noch einmal auf ihre Schuldfähigkeit untersucht werden sollten. Die Folge: Auch die beiden Männer, die eigentlich schon entlassen werden sollten, verbrachten nun noch einmal rund zwei Monate in Haft, bis der Gutachter seine Arbeit beendet hatte. Es war also ein Beweisantrag, der nach hinten losging.

Schon dieser Fall zeigte mir einen Rolf Bossi, der in erster Linie auf eine Außenwirkung in den Medien abzielte. Nicht alles, was dieser Mann tat, so mein Eindruck, hatte das Wohl seiner Mandanten zum Ziel. Er war immer auch sehr auf Konfrontation aus, was den Mandanten wiederum nicht immer guttat. Das trifft allerdings nicht nur auf Rolf Bossi zu, sondern auch auf andere Konfliktverteidiger, die sich nach außen hin in bestem Licht darzustellen versuchen.

Ein Beispiel dafür ist ein Rockerprozess, der in Duisburg stattgefunden hat. Hintergrund dieses Prozesses waren Auseinandersetzungen zwischen den Rockergruppen Hells Angels und Bandidos. Auch hier gab es im Jahr 2009 einen Verteidiger, der nur auf Konfrontation aus war – Konfrontation mit den Polizeibeamten und damit meiner Person, aber auch Konfrontation mit dem Gericht. Meiner Meinung nach hat der besagte Verteidiger seinem Mandanten mit dieser Strategie keinen Gefallen getan. In dem Fall ging es um Timur A., der einen Rocker der Bandidos erschossen hatte. Timur A. hatte kurz nach seiner Festnahme mir gegenüber ein Geständnis abgelegt und darin zugegeben, derjenige zu sein, der den anderen Rocker namens Eschli erschossen habe – wegen einer Prostituierten. Mit seiner Aussage wollte Timur A. in erster Linie seinen Bruder schützen, der mit der Tat nichts zu tun hatte. Offensichtlich befürchtete er, dass die Polizei seinen Bruder auch festnehmen wollte. Bei seinem Geständnis offenbarte er Dinge, die nur er als Täter wissen konnte. Dieses Wissen bestand vor allem in der Nennung der verwendeten Waffe.

Der angesprochene Rechtsanwalt ließ mich nun zwei Tage lang im Rahmen der Gerichtsverhandlung vernehmen, obwohl Timur A. mir gegenüber seine Aussage in Polizeigewahrsam gemacht hatte – was ich dann natürlich auch vollständig niedergeschrieben hatte. Doch der Anwalt gab sich damit nicht zufrieden, sondern ging vollständig auf Konfrontationskurs. Er unterstellte mir verbotene Vernehmungsmethoden, außerdem hätte ich seinen Mandanten nicht belehrt – er stellte letztlich Vorwürfe in den Raum, die allesamt nicht den Tatsachen entsprachen. Sein Mandant allerdings erhielt trotz dieser Versuche eine elfjährige

Freiheitsstrafe. Ich bin mir fast sicher, Timur A. wäre mit einem weit geringeren Strafmaß davongekommen, hätte er einen Anwalt gehabt, der wirklich nur seine Interessen vertreten hätte.

Auch das sind Dinge, mit denen ein Polizist es regelmäßig zu tun bekommt, und man kann sich am Ende eigentlich nur wundern, wer alles Rechtsanwalt wird. Beeindruckt haben mich immer die Anwälte, die mit allen Mitteln versucht haben, für ihre Mandanten das Beste herauszuholen, ohne sich dabei in den Vordergrund zu spielen. Da versteht es sich von selbst, dass sich die Rechtsanwälte bis zu einem bestimmten Punkt auch kritisch mit den ermittelnden Beamten auseinandersetzen und versuchen, deren Glaubwürdigkeit vor Gericht in Frage zu stellen. So funktioniert nun einmal unser Rechtsstaat, und diese Art der Auseinandersetzung habe ich auch nie persönlich genommen.

LEICHENSACHEN: DER TOTE IM GETREIDESILO

Bei den Schüssen des Timur A. auf einen anderen Rocker handelte es sich also erneut um einen Mord. Doch das soll nicht zu dem Fehlschluss führen, meine Arbeit habe sich vor allem auf Mordkommissionen beschränkt. Vielmehr lief immer die normale Arbeit der Kriminalpolizei weiter. Zu dieser Arbeit zählten die rund 1200 sogenannten Leichensachen, die es in einer Stadt wie Duisburg in jedem Jahr zu bearbeiten gab. Hinter solchen Fällen verbirgt sich häufig sehr viel Arbeit, etwa wenn unbekannte Tote oder auch nur Leichenteile aufgefunden werden.

Im Duisburger Innenhafen gab es vor Jahren noch sehr viele Industrieanlagen sowie Getreidesilos. Diese Silos standen über Hallen, in die dann die Lastwagen hineinfuhren, um über Schwenkrohre aus den Silos mit Getreide beladen zu werden. Dann aber kam es in Duisburg, wie auch andernorts, zu einem industriellen Umbruch, und die teils bis zu 40 Meter hohen Silos wurden nicht mehr gebraucht. Eines Tages aber wurde nun Flüssigkeit entdeckt, die aus einem dieser stillgelegten Silos auf einen Hallenboden tropfte. Wo diese Flüssigkeit auf den Boden traf, sammelten sich umgehend zahllose Fliegen, die sich auf die Lache stürzten.

Weil das einigen Personen suspekt war, wurde die Polizei und damit wir als Kriminalpolizei gerufen. Wenn man nun schon einige Jahre in diesem Beruf gearbeitet hat, hat man eine sprichwörtliche Nase dafür, ob es sich bei einer solchen Flüssigkeit eventuell um Leichenflüssigkeit handelt. Denn Leichenflüssigkeit hat einen sehr speziellen Geruch – den wir auch in diesem Fall feststellen konnten.

Also haben wir uns nach oben begeben, um auf dem Turm beziehungsweise dem Silo nach dem Rechten zu sehen. Ganz oben auf dem Turm befanden sich Klappen – jede dieser Klappen war etwa 40 mal 30 Zentimeter groß. Durch diese Klappen gelangte einst das Getreide in den Silo, was jedoch seit Jahren nicht mehr geschehen war, die Silos standen wie gesagt leer. So konnten wir mit einer Taschenlampe in den hohlen Innenraum des Silos leuchten, und es ließen sich menschliche Überreste ausmachen, die tief unten vor einem Rohr lagen. Für uns war also klar, in dem Silo lag eine Leiche. Nicht klar war hingegen, wie genau wir den Fall nun angehen wollten.

Wir hatten inzwischen festgestellt, dass der obere Bereich des Silos in rund 40 Meter Höhe von Stadtstreichern benutzt wurde, die sich dort ihre Schlafplätze eingerichtet hatten. Außerdem hatten wir die Feuerwehr herbeigerufen, die uns allerdings warnte, in den Silo zu gehen, wegen der möglichen Gaskonzentration im Inneren – man wusste nicht, ob man dort wegen der Fäulnisgase überhaupt noch atmen konnte. Das alles hatte zur Folge, dass ich mir gemeinsam mit einem Kollegen eine Atemschutzausrüstung der Feuerwehr auslieh. Anschließend ließen wir uns in dieser Ausrüstung und an einem Seil gesichert von oben in den Silo hinab und schwebten so quasi nach unten. Unten am Boden angekommen, nahmen wir die Leiche erst einmal grob in Augenschein, gleichzeitig aber haben wir bereits überlegt, wie wir möglichst viele der menschlichen Überreste aus dem Silo herausbekommen könnten, ohne Spuren zu zerstören. Auch dabei konnte uns schließlich die Feuerwehr helfen: Es wurde eine Trage in den Silo herabgelassen, auf der sich ein Plastiksack befand. Wir haben also die Leiche vorsichtig in diesen Sack verfrachtet, und wir haben nach unten den Ablauf mit einem Stock durchstochen, so dass zumindest wieder etwas frische Luft eindringen konnte.

Die Leiche wurde abtransportiert, und sie konnte bald nach der Obduktion identifiziert werden: Es handelte sich um einen Stadtstreicher, dessen Körper aber immer noch für eine Überraschung gut war. Die Untersuchung durch den Obduzenten ergab nämlich, dass die Leiche zwar zahlreiche Knochenbrüche aufwies, diese allerdings nicht vital entstanden waren. Nicht der noch lebende Mann also hatte sich die Knochen gebrochen, zu den Brüchen war es vielmehr erst *post mortem* gekommen, als der Mann bereits tot war.

Die Untersuchung ergab weiter, dass die Person zu Lebzeiten bereits eine schwere Herzschädigung hatte. Der Stadtstreicher war also nicht lebendigen Leibes unglücklich in den Silo gefallen, er war vielmehr vermutlich an seiner Schlafstelle auf dem Silo verstorben. Wie wir später ermitteln konnten, wurde der leblose Körper daraufhin von den anderen Stadtstreichern entsorgt, indem man ihn in den Silo warf, einfach weil man wegen des verwesenden Leichnams Angst um den Zustand des notdürftig eingerichteten Schlafareals hatte.

Für mich bedeutete dieser Fall drei Tage Arbeit, nur um eine Leichensache aufzuklären. Fallen nun in jedem Jahr weit mehr als tausend solcher Leichensachen an, dann lässt das ungefähr ermessen, wie viel Arbeit allein mit deren Bearbeitung verbunden sein kann Denn auch hier müssen die einzelnen Umstände minutiös ausermittelt werden, um am Ende wirklich und zweifelsfrei sagen zu können, dass ein Fremdverschulden auszuschließen ist.

DER MORDERMITTLER AM MÜLLWAGEN

Immer wieder aber geht es dann doch um Mord. Und das fing bereits früh in meiner Laufbahn an, wie ich anhand eines weiteren Beispiels erzählen möchte.

Als ich noch ein junger Kriminaloberkommissar war, wurde in einem Waldstück nahe Düsseldorf die Leiche eines älteren Mannes aufgefunden. Der Körper war dort abgelegt worden, und zwar eingewickelt in einen Teppich. Zunächst hatten sich die Düsseldorfer Kollegen mit dem Fall beschäftigt, die das Opfer als eine Person aus dem Duisburger Norden identifizieren konnten. So kam der Fall zu uns, und wir haben ihn von den Düsseldorfer Kollegen in Absprache mit der Staatsanwaltschaft übernommen.

Wir haben dann herausgefunden, dass der Mann trotz seines Alters von weit über siebzig Jahren noch regelmäßig Kontakt zu Prostituierten pflegte. Es gab zudem Hinweise, der Mann beziehungsweise seine Leiche sei mit einem Auto in das Waldstück transportiert worden – auch die Spurbreite eines Fahrzeuges konnten wir ermitteln. Diese Spurbreite allerdings war ungewöhnlich, sie ließ für uns zunächst nur die Vermutung zu, dass der Körper entweder in einem Trabant, einem Kleinwagen der Marke Daihatsu oder einem kleinen Suzuki an den späteren Fundort gebracht worden war.

Wir haben also unsere Ermittlungen aufgenommen und fanden sehr schnell heraus, dass der Getötete Kontakt zu zwei Türkinnen gehalten hatte. Diese beiden Frauen hatten allerdings allem Anschein nach Hintergedanken gehabt, sie wollten nämlich an das Vermögen des Mannes herankommen. Um es kurz zu machen: Die beiden Frauen lockten den Mann in ihre Wohnung und töteten ihn dort. Sie haben die Leiche daraufhin zunächst in den Keller des Mehrfamilienhauses gebracht, wo sie den Körper in einen Teppich wickelten. Nur begann es dann nach einigen Tagen unangenehm zu riechen. Um den Gestank zu erklären, erzählten die beiden Frauen allen Nachbarn, sie würden im Keller das Fell eines frisch gehäuteten Schafes lagern. Mit dieser Geschichte gaben sich die Nachbarn tatsächlich erst einmal zufrieden.

Da man aber wohl nicht wusste, wie lange die Lüge aufrechterhalten werden konnte, überredeten die beiden Frauen zwei recht naive junge Türken, den Teppich und damit die Leiche aus dem Keller zu holen und zu entsorgen. Was sich allerdings wirklich in dem übel riechenden Stoff befand, das erfuhren die beiden Männer nicht. Sie brachten die Leiche zu dem späteren Fundort, und damit war die Sache für sie erledigt.

Wir hatten nun also herausgefunden, dass der getötete Rentner Kontakt zu den beiden Frauen gehabt hatte und wo deren Wohnung lag. Allerdings stand nicht fest, ob diese Wohnung immer noch von den tatverdächtigen Frauen genutzt wurde. Ich bekam folglich von meinem

Vorgesetzten den Auftrag, abzuklären, ob die Wohnung noch genutzt wurde und welche Art von Abfall und damit Spuren aus dieser Wohnung kam. Das Ganze sollte verdeckt geschehen, nur wusste zunächst niemand so recht, wie das vonstattengehen sollte.

Die Antwort war jedoch bald gefunden: Die Stadtreinigung stellte uns einen kompletten Müllwagen inklusive Fahrer zur Verfügung. Ein Kollege und ich haben uns zudem die orangefarbenen Uniformen der Müllwerker besorgt. So ausgerüstet sind wir dann zu der uns bekannten Adresse gefahren und haben dort die Mülltonnen aus dem Haus geholt.

Als wir den Müll in den Wagen geladen hatten und wieder abfahren wollten, kam uns allerdings ein Auto entgegen, das einer Person aus meiner privaten Nachbarschaft gehörte. Dieser Mann wusste vom Hörensagen von meiner Arbeit bei der Polizei und er sah mich nun hinten auf dem Trittbrett des Müllwagens stehen. Bevor ich etwas unternehmen konnte, machte wenig später in der Nachbarschaft das Gerücht die Runde, ich sei ein Spinner, der gar nicht bei der Polizei, sondern bei der Müllabfuhr in Duisburg arbeite.

Wie auch immer: Als wir den Müll abgeladen und auf dem Boden ausgebreitet hatten, fanden wir tatsächlich noch Dinge, die für uns als Sachbeweis wichtig waren. Es handelte sich um Gegenstände, die für uns den Schluss zuließen, dass der Mann sich tatsächlich in der Wohnung aufgehalten hatte.

Folglich sollten nun die beiden Frauen festgenommen werden. Die waren jedoch inzwischen aus der Wohnung verschwunden und in der Türkei abgetaucht. Wir haben daraufhin verschiedene verdeckte Maßnahmen durchgeführt, die bis in die Türkei reichten, und auf diese

Weise erfahren, wann die beiden Frauen wieder zurück nach Deutschland reisen wollten. In der Zwischenzeit erfuhren allerdings auch die Medien von der Entwicklung, und mein Vorgesetzter bat die Medienvertreter, vorerst nicht über den Fall zu berichten, um den Fortgang der Ermittlungen nicht zu gefährden – zu meinem eigenen Erstaunen hat das wirklich funktioniert und die Presse hielt sich tatsächlich zurück, so dass wir die beiden Täterinnen am Düsseldorfer Flughafen festnehmen konnten, nachdem ihre Maschine dort gelandet war.

BITTE NICHT STÖREN – MORD WEGEN TELEFONSEX

Ich glaube, ich habe schon erwähnt, dass Menschen zu allem fähig sind. Trotzdem gibt es immer wieder Fälle, bei denen der Auslöser für ein Tötungsdelikt letztlich so banal ist, dass es schwerfällt, es wirklich zu glauben. Das war auch in einem Fall so, der mir als Mordkommission G. in Erinnerung geblieben ist.

Dieser Fall trug sich 1998 zu und damit zu einer Zeit, in der Handys noch nicht so allgegenwärtig waren, wie sie es inzwischen sind. Im Mittelpunkt des Falles stand ein Mann, der seinerzeit von Telefonsex-Hotlines regelrecht abhängig war. Dieser Mann ging eines Tages in die Wohnung eines älteren und geistig etwas zurückgebliebenen anderen Mannes, griff zum Telefon und frönte seiner Leidenschaft. Das dauerte jedoch so lange, dass es dem Wohnungsinhaber irgendwann zu viel wurde und er die Telefonate zu beenden versuchte. Das wiederum erboste den telefonsexsüchtigen jüngeren Mann dermaßen, dass er den anderen erwürgte. Danach ließ er den Toten im Grunde unbeachtet in der Wohnung liegen und telefonierte weiter – für eine Summe weit im vierstelligen Bereich.

Das alles wussten wir zunächst natürlich nicht, als wir von Angehörigen gerufen wurden, die ihren Onkel tot in seiner Wohnung aufgefunden hatten. Die Wohnung befand sich in einem viergeschossigen Bau, und jede der Wohnungen in diesem Gebäude war über sogenannte Laubengänge erreichbar. Wir fanden den Toten in seiner Wohnung liegend, und auffällig war zunächst vor allem der Umstand, dass der mutmaßliche Täter das Telefon aus der Wohnung entwendet hatte. Bei der Befragung der Nachbarn allerdings kamen wir nicht weiter, niemand konnte sagen, wer das Opfer besucht hatte. Über Anfragen bei dem Netzbetreiber haben wir schließlich die Verbindungsdaten des Telefons erhalten und konnten damit feststellen, dass als letzte Verbindung eine 0190-Nummer gewählt worden war. Diese 0190-Nummern waren zu jener Zeit als kostenpflichtige Sondernummern, bei denen ein Anruf sehr schnell sehr stark ins Geld ging, verbreitet und bekannt. Man konnte via 0190 in Fernsehshows anrufen, sie wurden aber auch häufig verwendet, um sexuelle Kontakte meist fernmündlicher Art herzustellen.

Wir haben zudem zahlreiche Fingerabdrücke in der Wohnung feststellen können, die zur Auswertung an das Landeskriminalamt gegeben wurden. Dort sollten die Abdrücke mit AFIS abgeglichen werden, dem Automatisierten Fingerabdruck-Identifizierungs-System. Zwei Tage später wurde uns mitgeteilt, auf einem Glas aus der Wohnung sei ein einzelner Fingerabdruck gefunden worden, der von einer Person stammte, die bereits polizeilich in Erscheinung getreten war. Diese Person hatte, wie wir anschließend herausfanden, Verwandte in dem Haus, in dem der Tote wohnte und aufgefunden worden war.

Wir suchten nun die aktuelle Wohnanschrift dieses damals 21-jährigen Mannes auf und stießen dort auf eine etwas verstörte Nachbarschaft: Als wir den Namen des Mannes nannten, führte das fast überall zu einem Aufschrei. Dieser Mann hatte nämlich zuvor im Keller jenes Hauses die Telefonbuchsen der übrigen Bewohner angezapft und ihnen damit insgesamt eine Rechnung in Höhe von damals mehr als 7000 Mark hinterlassen – weil er auch von dort ständig Sex-Hotlines über 0190-Nummern angerufen hatte. Von diesem Zeitpunkt an waren wir uns dann recht sicher, auf der richtigen Spur und an der richtigen Person zu sein.

Einen Tag später haben wir den Mann bei Freunden festnehmen können, und er legte bald ein Geständnis ab. Er habe gewusst, dass der alte Mann geistig etwas behindert sei, und dessen Hilflosigkeit ausnutzen wollen, um von dessen Anschluss aus die 0190-Nummern anzurufen. Nach einer Weile sei das spätere Opfer jedoch eingeschritten. Das wiederum habe dazu geführt, dass der Täter kurz den Telefonhörer beiseitegelegt habe, um den Mann zu erwürgen. Danach habe er noch etwas geholt, mit dem er das Gesicht des Toten abdecken konnte, weil er den Anblick nicht ertragen habe. Im Anschluss daran aber habe er in aller Seelenruhe weitertelefoniert, allein an diesem Tag noch für mehrere Hundert Mark.

Der Mann war letztlich wirklich süchtig nach und abhängig von Telefonsex. Er erklärte uns auch die Feinheiten eines Level-Systems, mit dem man bei diesen Nummern vorankommen konnte, ohne in kostspieligen Warteschleifen gehalten zu werden. Für mich war all das eine völlig neue Welt, ich hatte bis dahin niemanden gekannt, der von Sex-Hotlines dermaßen abhängig war, dass er dafür sogar einen Mord begehen würde.

Das alles mag für die meisten Menschen unvorstellbar sein, ist jedoch ein weiteres Beispiel dafür, wozu ein Mensch letzten Endes fähig ist, wenn er nicht bekommt, was er will. Der Täter wurde zu einer lebenslangen Freiheitsstrafe verurteilt.

VOM UMGANG MIT EINEM KIND, DAS VIER MENSCHEN GETÖTET HAT

Im Jahr 2009 wurden wir nachmittags zu einem Brand gerufen. Dieser fand in einem Viertel statt, in dem viele etwas verwahrloste Jugendstilhäuser stehen. Bei dem Brand kamen zwei Mädchen, ein Junge und eine Mutter ums Leben. Als wir vor Ort eintrafen, hatten sich bereits ganze Gruppen gebildet, die uns beschimpften und dem deutschen Staat die Schuld an dem Brand gaben, weil der die Gebäude nicht in Schuss gehalten habe.

Dazu muss man sagen, dass es in diesem Bereich der Stadt Duisburg einen sehr hohen Anteil von Einwohnern mit Migrationshintergrund gibt, außerdem sind dort sehr viele ausländische politische Vereinigungen aktiv, wie etwa die Arbeiterpartei Kurdistans PKK und die Grauen Wölfe.

Für die Einsatzkräfte von Feuerwehr und Polizei war die gesamte Lage eher schwierig. Der Ort des Geschehens befand sich in einer Fußgängerzone, die von der Straßenbahn befahren wird, und der gesamte Bereich musste abgesperrt werden. Vor allem aber fand der Einsatz inmitten der recht aufgebrachten Menschenmenge statt. Diese Menge erlebte an diesem Nachmittag auch mit, wie die Feuerwehr mit Brandschutzausrüstung in das Gebäude ging und nach dem Löschen mit vier Leichen aus einer Wohnung im ersten Stock wieder herauskam.

Bald stand fest, dass der Brand im Bereich des Treppenhauses ausgebrochen war und anschließend zunächst auf eine Couch übergegriffen hatte, die dort als Sperrmüll abgestellt war.

Wir haben nun untersucht, welche Bewohner eigentlich in dem Haus lebten, und stießen dabei unter anderem auf einen damals siebenjährigen Jungen, der zu den Bewohnern derjenigen Wohnung gehörte, aus der die Toten geborgen worden waren. Dieser Junge hatte sich inzwischen einem Seelsorger anvertraut, was letztlich auch dafür sorgte, dass die Hintergründe des Brandes schon nach etwa zwei Stunden geklärt werden konnten: Der Junge hatte im Treppenhaus gezündelt und Papier angesteckt, von dem die Flammen auf die erwähnte Couch übergriffen und sich dann schnell weiter ausbreiteten. Aus dem bloßen Zündeln entstand ein verheerender Brand, der vier Menschenleben forderte.

Dieser Fakt aber musste nun auch kommuniziert werden, um die Volksseele und damit die Stimmung vor Ort wieder zu beruhigen. Wir haben natürlich mit dem Jungen gesprochen und mussten uns dabei Gedanken darüber machen, wie wir mit diesem Kind umgehen sollten – und an wen der Junge dann entlassen werden würde. Denn dass es bei einem solchen minderjährigen und damit strafunmündigen Kind nicht um eine Strafverfolgung gehen konnte, das war klar. Auch die Rechtssituation des Jungen musste berücksichtigt werden. Denn selbst wenn er nur die Rolle eines Zeugen einnahm, musste er sich ja in keiner Weise mit einer Aussage selbst belasten. Gleichzeitig aber wollten wir natürlich die Ursache des Brandes schnellstmöglich geklärt haben.

Natürlich ist mit einem Kind auch kindgerecht zu sprechen. Man konnte also nicht vor den Jungen treten und ihm ins Gesicht sagen, er habe mit seinem Zündeln im Grunde seine gesamte Familie getötet. Kinder werden zudem nicht vernommen, sie werden lediglich angehört. Über dieses Anhören wird dann ein sogenannter Eindrucksvermerk geschrieben, aus dem hervorgehen soll, wie weit das Kind in seiner Entwicklung ist, ob es das Gesagte versteht beziehungsweise nachvollziehen kann. Dazu gehört auch, dass man sich mit dem Kind über dessen schulischen Werdegang, seine Hobbys, die Geschwister oder über seine Freunde unterhält, weil auch der Richter später einen Überblick bekommen will, ob das Kind wirklich alles verstanden hat, was es erzählte.

Für einen Polizeibeamten gehört es zu seinem Beruf, sich auf eine solche Situation einzustellen. Denn es zählt ja ohnehin zu den Eigenschaften des Berufs, sich auf unterschiedlichste Situationen und Menschen einstellen zu müssen und nicht nur auf den Unterschied zwischen einem Erwachsenen oder einem Kind. Es ist nämlich ebenfalls ein sehr großer Unterschied, ob ich etwa einen Straftäter oder ein Opfer sexueller Gewalt vernehme. Ein Polizeibeamter sollte fähig sein, diese ganzen Facetten zu beherrschen – dazu zählt eben auch, den Fünfjährigen ebenso wie die Sechsundachtzigjährige anzuhören, die vielleicht sogar noch in den Arm genommen werden muss.

Zudem ist zu beachten, dass die Rechtspositionen der Menschen sehr unterschiedlich sind. Nehmen wir etwa Opfer von Sexualdelikten, denen bestimmte Rechte zustehen. Bei Kindern und Jugendlichen wiederum muss beachtet werden, dass die Eltern hier Anwesenheitsrecht haben. All das ist zu berücksichtigen, während ich als Polizist gleichzeitig mein Ziel nie aus den Augen verlieren darf.

Nun ist es gerade bei Kindern und Jugendlichen häufig auch kontraproduktiv, wenn deren Eltern anwesend sind. Denn viele Kinder oder Jugendliche sind gar nicht gewillt, sich zu offenbaren, wenn ein Elternteil dabei ist.

Ich erzähle hier in erster Linie deshalb von dem Fall, um darauf hinzuweisen, mit wie vielen Seiten und auch unterschiedlichen Menschen es ein Kriminalbeamter bei seiner Arbeit zu tun bekommt.

Was aus dem Jungen geworden ist und wie er selbst seine Tat verkraftet beziehungsweise verarbeitet hat, das weiß ich leider nicht.

ELSE K., 72 JAHRE ALT – MISSBRAUCHT UND ERWÜRGT

Wenn ich davon berichte, wie unterschiedlich die vielen Menschen sind, mit denen man es als Polizeibeamter zu tun bekommt, dann gilt das auch für die vielen unterschiedlichen Straftäter und deren manchmal nur schwer nachvollziehbare Motive. Wie etwa im Fall der getöteten Else K.

Diese Else K. lebte im Duisburger Norden und sie wurde 72 Jahre alt. Im Jahr 1993 wurde die ältere Dame von Angehörigen als vermisst gemeldet. Die Angehörigen wiesen zudem darauf hin, Else K. sei kurz zuvor am Kehlkopf operiert worden – der Kehlkopf war ihr wegen einer Erkrankung entfernt worden, und sie konnte sich mit anderen Menschen daher nur verständigen, indem sie ein Hilfsgerät an ihren Hals hielt.

Drei Tage nach der Vermisstenmeldung wurde die Leiche von Else K. gefunden. Sie lag in einem kleinen Waldstück, das kaum mehr als 500 mal 500 Meter maß. Dieses Gelände wurde sehr häufig von Kindern zum Spielen genutzt, die sich dort außerdem auch kleine Buden und

Hütten errichtet hatten. Die Leiche von Else K. lag inmitten dieses Waldstückes auf einer Matratze, und zwar an Ober- und Unterkörper zum Großteil entkleidet. Die Kleidung war an ihrem Köper hoch- und runtergerissen worden, und es war offensichtlich, dass es zu einem sexuellen Missbrauch gekommen war.

Da die Leiche schon mehrere Tage auf der Matratze lag, waren besonders am Hals und damit an der Operationswunde Leichenerscheinungen erkennbar. Bei der Tatortarbeit fiel außerdem auf, dass bei Else K. verschiedene Gegenstände fehlten. Dazu zählte eine Scheck- beziehungsweise Bankkarte, so dass von einem Sexualdelikt in Verbindung mit einem Raubmord ausgegangen werden musste.

Nun ist es für einen Kriminalbeamten grundsätzlich – bei aller Grausamkeit der Tat – eine gute Sache, wenn ein Gegenstand entwendet wird, der eine gewisse Nachverfolgung erlaubt, was bei Scheckkarten ja oft der Fall ist. Man kann Kontobewegungen nachvollziehen, und man kann unter Umständen nachvollziehen, wer die Karte benutzt hat.

Zunächst aber standen wir noch vor einem anderen Problem: Rund um das Areal, in dem die Tote aufgefunden wurde, gab es sehr wenig Wohnbebauung. Es gab außerdem relativ wenig Fahrzeugverkehr, so dass es letztendlich auch kaum Menschen gab, die eventuell etwas beobachtet haben konnten. Wir haben uns zunächst darauf konzentriert, zu ermitteln, wann die Frau überhaupt zuletzt gesehen wurde und wohin sie zu dieser Zeit unterwegs gewesen war. Diese letzten Wege haben wir nachverfolgt.

Tatsache aber war, dass wir zunächst nicht wirklich weiterkamen. Es wurde daraufhin der gesamte Bereich der sogenannten Innenbahn abgeklärt, also die Familie und das persönliche Umfeld. Danach haben wir uns auf die Außenbahn konzentriert und etwa abgecheckt, wer in derselben Gegend wohnte, welche dieser Personen eventuell schon einmal wegen Sexualdelikten in Erscheinung getreten war. Auch wurde abgeklärt, wer schon einmal mit Raubdelikten zum Nachteil älterer Personen auffällig geworden war – denn gerade etwa bei Handtaschenraub gibt es eine gewisse Klientel jugendlicher Intensivtäter, die derartige Taten häufiger ausführen.

Dann allerdings bekamen wir die ersten Hinweise von einer Bank: Dort sei mit der Karte versucht worden, das Konto leerzuräumen. Auf diese Spur haben sich dann umgehend mehrere Teams gestürzt. Schließlich lag es ja nahe, dass derjenige, der diese Karte benutzte, auch etwas mit der Tat zu tun hatte. Mit Hilfe von Videoaufzeichnungen gelang es uns binnen eines Tages, drei Kinder und zwei Jugendliche zu identifizieren, die versucht hatten, das Geld abzuheben. Der Sachverhalt stellte sich am Ende also anders als vermutet dar: Diese Kinder beziehungsweise Jugendlichen spielten häufig in dem Waldgelände, und sie waren dort auf die Frau gestoßen, die zu diesem Zeitpunkt allerdings bereits tot war. Die Minderjährigen haben die Leiche also im Grunde gefleddert und alle Wertsachen an sich genommen. Sie alle stammten sicher nicht aus dem besten Milieu, aber nach der recht zeitaufwändigen Überprüfung der Alibis mussten wir einsehen, sie hatten mit der eigentlichen Tötung wirklich nichts zu tun. Was bedeutete: Wir standen im Grunde wieder ganz am Anfang unserer Ermittlungen. So etwas ist ein spürbarer Rückschlag, wenn man zuvor über mehrere Tage jeweils vierzehn oder fünfzehn Stunden lang auf Hochtouren ermittelt hat.

Wir haben daraufhin die Hausbefragungen weiter forciert und wirklich an jeder Tür geklingelt. Drei Tage später stand ich schließlich unweit des Tatortes an einem Mehrfamilienhaus, in dem auch ein damals 23-jähriger Mann mit dem Namen Thorsten P. wohnte. Über ihn lag bei uns die Erkenntnis vor, er sei bereits wegen »Spannens« in Erscheinung getreten. Dabei handelte es sich zwar nicht um ein schwerwiegendes Delikt, aber die Sache ließ zumindest den Gedanken zu, dass bei dieser Person im Sexualbereich vielleicht nicht wirklich alles in bester Ordnung war.

Wir wollten diesen Mann nun befragen, der allerdings kam uns an der Wohnungstür mit der Aussage entgegen, er habe gerade keine Zeit, weil er zu einem Termin beim Arbeitsamt müsse. Worauf wir entgegneten, wir ermittelten hier in einer Mordsache, er müsse daher schon einige Minuten seiner Zeit für die Fragen erübrigen. Als ich dann mit ihm in seine Wohnung ging, fiel mir gleich eine große Menge an pornografischen Magazinen auf. Außerdem bat ich meinen Kollegen, die Angaben des Thorsten P. in Bezug auf seinen Termin beim Arbeitsamt zu überprüfen. Mit einem Anruf bei dem Amt ließ sich klären, dass die gemachten Angaben nicht stimmten. Er hatte zwar einen Termin bei dem Amt, nur wäre dieser Termin erst an einem anderen Tag gewesen. Im Grunde hätte es für ihn zu diesem Zeitpunkt überhaupt keinen Grund gegeben, uns anzulügen. Nun allerdings führte genau das dazu, dass bei uns die Alarmglocken schrillten. Wir baten den Mann daher, uns zunächst einmal zu unserer Dienststelle zu begleiten.

Anschließend haben wir Thorsten P. über mehrere Tage hinweg vernommen, was nicht wirklich einfach war. Im Rahmen dieser Vernehmungen aber verstrickte er sich in Widersprüche hinsichtlich seines Alibis, machte also unterschiedliche Angaben dazu, wo er sich zur Tatzeit aufgehalten hatte. Er deutete dann schließlich an, der Frau begegnet zu sein, an das Thema der eigentlichen Tötung allerdings wollte er noch nicht heran. Für uns dagegen war es inzwischen offensichtlich: Er hatte etwas mit der Tat zu tun.

Nun können wir als Polizei eine Person nur bis zum darauffolgenden Tag festhalten, danach muss eine richterliche Entscheidung herbeigeführt werden. In Absprache mit der Staatsanwaltschaft haben wir uns daher entschlossen, ihn dem Haftrichter vorzuführen, und es ist dann auch zu einem Untersuchungshaftbefehl gekommen. Weil wir aber noch sehr viele Fakten abzuklären hatten, wurde Thorsten P. an unsere Behörde rücküberstellt, und wir konnten ihn mit seinem Einverständnis weiter vernehmen. Dazu muss man wissen: Ein Beschuldigter hat das Recht, die Aussage zu verweigern, er kann außerdem einen Rechtsanwalt fordern, der ihm zur Seite steht. Das alles sind Rechte, die einem Beschuldigten mitgeteilt werden müssen, da wir sonst Gefahr laufen, dass am Ende alles Gesagte unter das Verwertungsverbot fällt – womit niemandem gedient wäre. Thorsten P. nun war bereit, seine Aussage gegenüber der Polizei fortzusetzen, er wollte zunächst auch noch keinen Rechtsanwalt dabeihaben. Letztlich gestaltete sich die Vernehmung jedoch sehr, sehr schwierig, da er auf jede Frage im Grunde nur eine kurze und knappe Antwort abgab, zusammenhängende und ausführliche Erklärungen dagegen blieben die Ausnahme. Ein Ermittler allerdings hat es immer gerne, wenn ein Beschuldigter anfängt zu erzählen. Bei P. jedoch mussten wir uns eingestehen, dass wir momentan so nicht weiterkommen würden, auch nicht in Bezug auf eventuelles Täterwissen.

Wir sind daher dazu übergegangen, das Thema der eigentlichen Tat erst einmal etwas hintanzustellen, und haben uns mit ihm stattdessen über seine persönlichen und vor allem seine sexuellen Neigungen unterhalten. Dabei gelangten wir sehr schnell zu einem letztlich entscheidenden Punkt: Thorsten P. hatte einen Hang zu älteren Frauen. Er erzählte uns unter anderem eine Geschichte, die von seinem Elternhaus handelte. Dort habe eine Haushaltshilfe gearbeitet, die damals schon älter als siebzig Jahre gewesen sei. Er habe als kleiner Junge diese Frau bei ihrer Arbeit beobachtet und habe schon sehr früh begonnen, in diesem Zusammenhang sexuelle Fantasien zu entwickeln. Diese sexuellen Fantasien seien auch sehr weit gegangen – er habe sich etwa ausgemalt, mit einer solchen älteren Dame Geschlechtsverkehr zu haben.

Als er nun zum ersten Mal ausführlicher über seine Geschichte, seine Fantasie und die Hintergründe berichtete, war uns klar, da geschah einiges in ihm. Wir sind daher immer noch nicht weiter auf die eigentliche Tötung eingegangen, sondern haben ihn einfach weiter erzählen lassen.

Bei diesem Fall kam noch etwas dazu: Rund zwei Monate vor dem Mord an der älteren Frau war es in dem gleichen Stadtteil zu einem versuchten Sexualdelikt in einer Hochhaussiedlung gekommen, bei dem eine Frau im Alter von ebenfalls über siebzig Jahren in einem Kellergang bedrängt worden war. Wir hatten uns von den zuständigen Kollegen die Akten zu diesem Fall besorgt. Die Frau war damals zwar von einem Mann sexuell angegangen worden, dieser Täter hatte jedoch von ihr abgelassen, weil plötzlich ein Nachbar in dem Kellergang auftauchte, woraufhin der Täter dann flüchtete. Von dem Flüchtigen lag allerdings eine Beschreibung vor: Es gab ein Montage- beziehungsweise Phantombild, das auf unseren Tatverdächtigen passte.

Zu den Merkmalen des Verdächtigen in unserem Fall der getöteten Else K. zählte, dass dieser Brillenträger war oder aber die Augen sehr stark zusammenkneifen musste, wenn er etwas in seiner Nähe erkennen wollte. Die ältere Dame aus dem ersten Fall hatte berichtet, dass der Mann, der sie bedrängte, zwar zum Zeitpunkt des Zusammentreffens keine Brille getragen habe, er habe aber seine Augen sehr stark zusammengekniffen, als er sie aus nächster Nähe anschaute. Wir haben daraufhin nochmals das Montagebild mit aktuellen Bildern des Verdächtigen verglichen, und schließlich war uns vollkommen klar, dass es sich um ein und dieselbe Person handelte. Bei dem Mann hatte sich offensichtlich sexuell etwas aufgestaut, und er hatte bereits zu diesem früheren Zeitpunkt nach einer Tatgelegenheit gesucht.

Trotzdem haben wir uns mit Thorsten P. zunächst weiter über seine Sexualität beziehungsweise seine sexuellen Vorlieben unterhalten. Wie sich dabei herausstellte, hatte er die sexuellen Fantasien mit der Haushaltshilfe seiner Kindertage immer weitergesponnen – dazu zählte auch die Vorstellung, ebendiese Frau nackt vor sich zu sehen. Daraus folgte der Wunsch, einmal mit einer Frau zu schlafen, die dem Bild dieser Haushaltshilfe entsprach. Doch ältere Frauen waren nicht die Einzigen, die die sexuelle Fantasiewelt des Thorsten P. bevölkerten. Er berichtete uns auch von Lustgefühlen, die er entwickelte, wenn er Kindern auf den nackten Po schlagen konnte. Wir konnten daraufhin nicht weniger als zwanzig Fälle ermitteln, in denen er Kindern Geld gegeben hatte, damit diese ihre Hosen herunterzogen und sich von ihm auf den nackten Hintern schlagen ließen. Man kann also durchaus sagen, dass das Sexualverhalten des Thorsten P. nicht dem entsprach, was gemeinhin als normal gilt.

Das herauszufinden, war das eine. Zum anderen hatte sich nun für uns auch die Vernehmungssituation verändert: Dass Thorsten P. jetzt über sich und seine Sexualität frei sprechen konnte, beendete den zuvor nur aus Fragen und knappen Antworten bestehenden Gesprächsverlauf. Wir notieren ja alles Gesagte, und inzwischen berichtete der

Verdächtige gleich über mehrere beschriebene Seiten hinweg frei. Daraus resultierte eine insgesamt wesentlich angenehmere Vernehmungsatmosphäre, und man merkte dem Beschuldigten auch an, wie sehr er sich befreit fühlte, über seine Vorlieben und Wünsche zu sprechen. Er wurde offener, zeigte mehr aus seiner Gefühlswelt – und letztlich kamen wir über diesen großen Umweg, der gut zwei Tage in Anspruch nahm, dann wieder zurück zu der Begegnung zwischen Thorsten P. und unserem Opfer.

Was er uns darüber erzählte, war die Geschichte einer zufälligen Begegnung. Die 72-jährige Else K. sei ihm entgegengekommen, und als er sie gesehen habe, sei sofort wieder die Fantasie eines sexuellen Kontaktes zu solch einer älteren Frau präsent gewesen. Er sei daraufhin sofort auf Else K. zugegangen und habe sie mit sich in das Waldstück hineingezogen. Die Frau konnte wegen ihrer Kehlkopfoperation nicht um Hilfe rufen, sie konnte sich auch nicht wehren, da sie dem Angreifer körperlich vollkommen unterlegen war. Der hat sie tiefer in das Waldstück gezogen und sie schließlich während eines Vergewaltigungsversuches getötet – sie war erdrosselt worden.

Während Thorsten P. uns immer mehr Details zu der Tat und zu den sexuellen Hintergründen berichtete, hielt er zur Zeit der Vernehmungen gleichermaßen Kontakt zu seinem Vater und zu seiner Mutter. Als Vernehmender muss man allerdings immer sehr vorsichtig sein, wenn es um das Zulassen eines solchen Kontaktes zu Angehörigen geht, weil man nie weiß, was sich daraus eventuell entwickelt. Wir haben den Kontakt dann aber trotzdem zugelassen.

Nun handelte es sich bei den als Vater und Mutter dargestellten Eltern nicht um die leiblichen Eltern des Beschuldigten. Dieser war vielmehr in früher Kindheit von den beiden adoptiert worden. Die Adoptivmutter vertrat bei der Kontaktaufnahme nun den Standpunkt, ihr Kind würde und könne eine solche Tat niemals begehen. Dieses Gespräch hat letztlich dazu geführt, dass Thorsten P. nun keinerlei weitere Angaben gegenüber der Polizei mehr machte und sich nur noch von einem Rechtsanwalt vertreten ließ.

Das Gespräch mit Familienangehörigen zuzulassen, war rückblickend aus ermittlungstaktischer Sicht wahrscheinlich nicht die beste Entscheidung meiner Laufbahn. Auf der anderen Seite aber muss die Frage gestellt werden, ob man es einem 23-jährigen verwehren kann, mit seiner Adoptivmutter und seinem Adoptivvater zu sprechen.

Allerdings wussten wir inzwischen Genaueres über die Leidensgeschichte, die Thorsten P. während seines Heranwachsens in der Familie erlebt hatte. Die Familie hatte ihn zwar adoptiert, doch die Adoptiveltern bekamen zudem noch ein eigenes Kind. Dieses eigene Kind war ein intellektueller Überflieger, der die Erwartungen seiner Akademiker-Eltern vollständig erfüllte. Thorsten P. wiederum war nicht sonderlich intelligent, folglich kam ihm innerhalb der Familie nun eine Verliererrolle zu. Das führte zu regelmäßigen Konflikten und auch zu regelrechten Hassgefühlen Thorsten P.s seiner Adoptivmutter gegenüber, weil die eine so hohe Erwartungshaltung an ihn richtete, dass er sie niemals auch nur ansatzweise erfüllen konnte. Das wiederum könnte ein Auslöser für den falschen Weg gewesen sein, den der Adoptivsohn dann später beschritten hat. Was jedoch nichts daran änderte, dass sich der junge Mann am Ende für seine Taten verantworten musste und wegen des Mordes und wegen der versuchten sexuellen Übergriffe an der zweiten älteren Dame verurteilt wurde.

Als Polizist fragt man sich immer wieder einmal, warum eigentlich der eine Täter eine Aussage macht, der andere sie dagegen verweigert. Wieso gesteht einer eine Tat und wieso sagt ein anderer kein Wort zu den Vorwürfen? Ich habe daher Jahre später, als ich bereits polizeilichen Nachwuchs an der Fachhochschule ausbildete, Studenten Straftäter aufsuchen lassen, die verurteilt worden waren. Diese Studenten sollten die Straftäter befragen, wie es denn dazu gekommen war, dass sie bei einem Beamten eine Aussage machten oder aber sie verweigert hatten.

Zu den befragten Straftätern zählte unter anderem Thorsten P. Der erklärte bei der Befragung, er habe anfangs überhaupt kein Verständnis für die Vernehmer gehabt, da diese ihn zunächst sehr konfrontativ angegangen seien. Er konnte die Ermittler und vor allem mich als Person in keiner Weise akzeptieren. In dieser Phase hätte er mir niemals gesagt, was er tatsächlich getan hatte. Dann aber habe nach seinem Empfinden ein Wandel stattgefunden und ich sei auf seine sexuellen Neigungen zu sprechen gekommen. Damit wiederum hätte ich ihm ein gewisses Verständnis für sein Verhalten signalisiert. Ab diesem Zeitpunkt habe er sich daher frei gefühlt und er habe Vertrauen zu den ihn vernehmenden Beamten gefasst.

Ich persönlich glaube ohnehin, dass über die Beziehungsebene das meiste bei einem Menschen erreicht werden kann. Viele Täter nämlich werden mit Gewalt und auch mit Bedrohung groß. Das alles kennen sie also zur Genüge. Treffen sie nun aber plötzlich auf jemanden, der für sie Verständnis zeigt und der sie auch als Menschen akzeptiert, dann sind einige Täter in ihrer Gefühlswelt dermaßen überrascht, dass sie zu einer Aussage bei der Polizei bereit sind. Voraussetzung ist jedoch, dass der Vernehmer es ehrlich meint und nicht oberflächlich heuchelt. Ich glaube außerdem, dass es auch für die Richter wichtig ist, wenn bei

Vernehmungen die Motivation oder persönliche Themen aus dem Leben eines Beschuldigten herausgearbeitet wurden, Fakten also, die unter anderem für oder gegen eine verminderte Schuldfähigkeit sprechen können. Meiner Überzeugung nach kann es nicht nur darum gehen, einen Sachverhalt aufzuklären – und alles, was danach kommt, ist dann egal. Vielmehr muss im Interesse aller Beteiligten das ganze Paket der Wahrheit ans Licht gebracht werden. Und wenn ich von allen Beteiligten spreche, dann zählt dazu selbstverständlich auch der Beschuldigte.

Bei alldem kommt eine Kunst der Vernehmung zum Tragen – die Empathie nämlich und der Beziehungsaufbau. All das gehört dazu. Ich sage jedoch immer: »Alles verstehen ist nicht alles verzeihen!« Der erfolgreiche Vernehmer hat für alles und jedes Verständnis. Deshalb billigt er noch lange nicht das Verbrechen. Aber er hütet sich davor, Entrüstung über die Tat – sei sie auch noch so scheußlich – in sich selbst hochkommen oder gar den Beschuldigten spüren zu lassen. Ich sehe auch bei jungen Studenten, die gerade in den Polizeiberuf einsteigen, dass es darunter einzelne gibt, die bereits fähig sind, binnen kürzester Zeit eine Beziehung zu einem Beschuldigten aufzubauen. Andererseits, und auch das muss gesagt werden, gibt es Beamte mit jahrzehntelanger Berufserfahrung, die genau das eben nie schaffen werden – weil sie persönlich einfach nicht in der Lage sind, eine Beziehung zu anderen Menschen aufzubauen und Empathie einzubringen – solche Kollegen sind als Vernehmer dann einfach nicht geeignet.

Natürlich kommt es in einer Vernehmungssituation immer auch auf das Gegenüber an. Auch ich hatte es mit Personen zu tun, bei denen ich binnen kürzester Zeit erkennen musste, wir werden niemals miteinander klarkommen – in solchen Fällen musste ich mir eingestehen, dass besser jemand anderes die Vernehmung fortführen sollte.

Man merkt diese Unterschiede häufig noch auf ganz andere Weise – wenn nämlich ein Kollege und eine Kollegin ein Team bilden. Dann ist nicht selten festzustellen, wie das Gegenüber zu einer der beiden Personen und damit zu einem der Geschlechter einen viel besseren Draht entwickelt. Auch hier muss man sich möglicherweise zurücknehmen und die Gesprächsführung der Person im Team überlassen, mit der das Gegenüber am besten zurechtkommt.

DER MÖRDER, DER ERSCHOSSEN WURDE

An manchem Fall ist nicht nur die ursprüngliche Tat und deren Aufklärung interessant, sondern es gibt auch Fälle, die sich nach der Aufklärung quasi noch fortsetzen. Einer davon begann mit dem Auffinden mehrerer blauer Müllsäcke an einem Feldweg im Jahr 1993 am Stadtrand von Duisburg. In diesen Säcken befand sich eine männliche Leiche, die zum Teil schon verwest war und zahlreiche Messerstiche aufwies. Die Kollegen aus Düsseldorf informierten uns daraufhin, weil es sich bei dem Toten um eine Person handelte, die im Raum Duisburg gelebt hatte und als Gerhard I. identifiziert worden war. Der damals 33-Jährige war zudem als Konsument von Betäubungsmitteln, oder kurz gesagt Drogen, bekannt gewesen. Er konsumierte die Drogen jedoch nicht nur, sondern handelte auch mit Heroin sowie Kokain.

Nach der Identifizierung nun sind wir zu seiner Wohnung gefahren. Wie wir ermittelt hatten, lebte er dort mit seiner 26-jährigen Lebensgefährtin Wilma F. Als wir die Anschrift erreichten, öffnete uns jedoch niemand. Also verschafften wir uns Zutritt und fanden in der Wohnung die Leiche der besagten Wilma F. auf dem Bett liegend – die Frau war erdrosselt worden, und zwar mit dem Stromkabel ihres Föns.

Wir begannen daraufhin mit der Tatortarbeit und erkannten bald auf dem Bettlaken neben der Toten einen halben Schuhabdruck. Dieser stammte offensichtlich von einem Sportschuh, und er wies ein sehr schönes, markantes Profil auf.

Hinzu kamen noch weitere Ansatzpunkte: Die Müllsäcke, in denen zuvor die männliche Leiche gefunden worden war, wiesen einen Fehldruck auf. Dieser Fehldruck erlaubte es uns, nachzuvollziehen, welche Charge dieser Müllsäcke wo hergestellt worden war und wohin sie ausgeliefert worden waren: In diesem Fall nämlich an die Niederlassung eines großen deutschen Industrieunternehmens in Duisburg. Zusätzlich fand sich bei der männlichen Leiche auch ein kleiner Abrisszettel von sogenannten Schwerlastdübeln. Dieser Typ Dübel wird beispielsweise eingesetzt, wenn in Hallen schwere Maschinen aufgebaut werden. Die Dübel verfügen zudem über eine Lösung, die dazu dient, den festen Sitz der verwendeten Schrauben noch weiter zu verbessern. Auch das war etwas, das auf die Niederlassung des Industrieunternehmens hindeutete.

Der Fall wies allerdings noch eine ganz andere Besonderheit auf, die mir persönlich Probleme bereitete. Ich bin zwar an den Anblick von und den Umgang mit Leichen gewöhnt, ich werde mich allerdings in diesem Leben nicht mehr an Ratten gewöhnen. Nur gehörten leider zu der Wohnung, in der wir die Leiche von Wilma F. fanden, eben Ratten – was dazu führte, dass ich die Tatortarbeit in der Wohnung abbrechen musste. Es handelte sich dabei nicht um Ratten, die wegen eines verwahrlosten Zustands der Wohnung dort eingezogen waren, vielmehr hielt sich das Paar bewusst Ratten in seiner Wohnung – was für mich jedoch keinen Unterschied machte: Ich bin mir bewusst, dass ich offensichtlich eine Phobie gegen diese Tiere habe, und ich konnte mich daher in der Wohnung in keiner Weise auf meine Arbeit konzentrieren. Ich habe also letztlich die Wohnung verlassen und die Tatortarbeit anderen Kollegen überlassen.

Später haben wir den gesamten Bekanntenkreis des Paares durchleuchtet, und uns war bald klar, dass Betäubungsmittel in diesem Fall eine Rolle spielten. Schließlich stießen wir bei unseren Ermittlungen auf einen Detlef S., der ebenfalls von Betäubungsmitteln abhängig war. Dieser Detlef S. arbeitete zudem in der schon erwähnten Niederlassung des Industrieunternehmens – und zwar in einer Abteilung, von der wir bereits wussten, dass dort die mit einem Fehldruck versehenen Müllsäcke genutzt wurden. Auch waren in dem Betrieb Maschinen mit Hilfe von Schwerlastdübeln montiert worden. Daraufhin bin ich mit meinem damaligen Teampartner zur Wohnung des Detlef S. gefahren. Bevor wir die Wohnung jedoch betraten, bemerkten wir die von der Familie draußen vor der Tür abgestellten Schuhe. Wir wiederum trugen eine Kopie des auf dem Bett gefundenen Schuhabdrucks im Originalformat bei uns. Und wir konnten so bereits vor dem Betreten der Wohnung feststellen, dass einer der abgestellten Schuhe hundertprozentig mit unserer Kopie des Abdruckes übereinstimmte. Wir waren uns also bereits sehr sicher, an der richtigen Adresse zu sein.

Der Besitzer des Schuhs öffnete uns im Beisein seiner Ehefrau die Wohnungstür, spielte aber zunächst den Ahnungslosen, als wir ihn über die Hintergründe unseres Kommens informierten. Da er aber zum Freundeskreis der beiden Opfer zählte, haben wir ihn gebeten, uns doch einmal zu unserer Dienststelle zu begleiten. Dort angekommen, konfrontierten wir ihn mit der gesamten Beweissituation, und es dauerte nicht mehr lange, bis Detlef S. ein Geständnis ablegte.

Die Hintergründe der Tat beziehungsweise der Taten beruhten auf den gemeinsamen Rauschgiftgeschäften von Detlef S. und dem ermordeten Gerhard I. In der Vergangenheit hatte Detlef S. im Laufe der Zeit so viel Rauschgift an Gerhard I. geliefert, dass dieser ihm eine fünfstellige Summe schuldete. Die beiden Männer verabredeten sich daher zu einem Treffen in einer Garage, wo es schließlich zu einer Auseinandersetzung um das Geld kam. Im Laufe dieses Streits stach Detlef S. nach eigenen Angaben zigmal – in Panik, wie er sagte – auf seinen ehemaligen Geschäftspartner ein, bis der sich nicht mehr rührte. Unmittelbar nach dieser Tat zog er die Müllsäcke über den leblosen Körper und bugsierte den toten Gerhard I. in den Kofferraum seines Wagens. Daraufhin ist er bis zu dem Feldweg gefahren, an dem der Tote später auch gefunden wurde, um ihn dort abzulegen.

Dann aber kam Detlef S. auf den Gedanken, auch die Lebensgefährtin des Opfers würde wohl etwas von dem Treffen mit ihm wissen. Ihm war klar: Würde die Leiche des Mannes gefunden und identifiziert, dann würde man auch auf Wilma F. als Lebensgefährtin stoßen und sie nach den letzten Plänen oder Verabredungen ihres nunmehr verstorbenen Lebensgefährten fragen. Würde das geschehen, dann würde der Verdacht sofort auf Detlef S. fallen.

Kaum war die Leiche von Gerhard I. abgelegt, hat sich Detlef S. daher entschlossen, Wilma F. aufzusuchen. Nicht nur das, er war auch dazu entschlossen, sie ebenfalls zu töten. Die Frage, warum die männliche Leiche entsorgt, die Leiche der Frau dagegen auf dem Bett liegengelassen wurde, lässt sich recht einfach beantworten. Die beiden

Männer hatten sich in einer Garage getroffen, in deren Umfeld relativ wenig Publikumsverkehr herrschte. Für Detlef S. gab es daher nur ein äußerst geringes Risiko, beim Verladen der Leiche in seinen Wagen entdeckt zu werden. Die Wohnung von Gerhard I. und Wilma F. dagegen befand sich in einem Mehrfamilienhaus, und es wäre kaum möglich gewesen, die Leiche der Frau von dort unbemerkt zu entfernen – denn eine Leiche durch ein Treppenhaus zu tragen, ist beileibe nicht so einfach, wie es mancher Hollywoodfilm glauben macht.

Tatsächlich ist Detlef S. zur Wohnung des Paares gefahren und wurde von Wilma F. eingelassen, die ihn als einen Bekannten ihres Lebensgefährten kannte. Kaum in der Wohnung, hat er Wilma F. dann bedrängt und sie schließlich mit dem Elektrokabel ihres Föns erwürgt – danach hat er die Wohnung sofort verlassen.

Detlef S. wurde zum einen wegen des Totschlags an Gerhard I. und zum anderen wegen des Mordes an Wilma F. verurteilt. Das Urteil wurde im Jahr 1994 gesprochen, aber damit ist die Geschichte des Detlef S. noch nicht zu Ende erzählt. Denn Detlef S. saß seine Strafe ab und wurde viele Jahre später wieder entlassen.

Während seiner Zeit im Knast hatte er jedoch einen anderen Insassen kennengelernt, mit dem er nun unmittelbar nach seiner Entlassung im Düsseldorfer Raum eine Bank überfiel. Allerdings verlief dieser Überfall nicht reibungslos, es kam vielmehr zu einer Schießerei mit der Polizei. Bei dieser Schießerei wurde Detlef S. tödlich getroffen, und so endete auch seine kriminelle Karriere.

Ich selbst war in diesen finalen Vorfall nicht involviert, sondern habe mich im Grunde vor allem darüber gewundert, wie schnell der

Totschläger und Mörder Detlef S. das Gefängnis wieder hatte verlassen können. Vor allem aber ist mir dieser Fall aus dem Grund im Gedächtnis geblieben, dass ein oberflächlich vollkommen uninteressanter Müllsack letztlich doch eine Unmenge an Spuren und Hinweisen liefern kann, Spuren, die im Grunde spannend und vielfältig wie ein Buch waren. Dieser Fall zeigt zudem, dass sich immer Spuren finden lassen, wenn die Polizei gut arbeitet – Spuren, mit denen sich eine Tat am Ende klären lässt. Das ist eine Wahrheit, die etwa auch im Bereich der Wohnungseinbrüche berücksichtigt werden sollte. Käme es dort immer zu einer professionellen Tatortaufnahme durch Spezialisten, dann könnten sehr viel mehr Einbrüche aufgeklärt werden. Aber bedauerlicherweise ist die Polizei in diesem Bereich falsch organisiert und erreicht damit nur recht zweifelhafte Aufklärungsquoten. Allein über das Thema der zweifelhaften Funktionszuordnung durch das Innenministerium in Nordrhein-Westfalen könnte ich vor lauter Ärger noch ein weiteres Buch schreiben.

WER ANDEREN EINE GRUBE GRÄBT …

Häufig finden sich die ursprünglichen Auslöser für einen späteren Mord in vollkommen alltäglichen Situationen. In einem Fall aus dem Jahr 2003 fand er sich etwa in der Tatsache, dass ein Mann während eines Kuraufenthaltes eine Frau kennenlernte und sich zwischen beiden eine Liebesbeziehung entwickelte. Das größte Problem dieser Beziehung: Die Frau war verheiratet und sie war Mutter von drei Kindern. Der Ehemann kam der Sache Anfang 2003 auf die Spur. Nachdem seine Frau ihm immer wieder einmal gesagt hatte, sie wolle mal etwas ohne ihn unternehmen, fuhr er ihr bei einer entsprechenden Gelegenheit hinterher. Anders als zuvor geschildert wollte die Ehefrau jedoch nicht zu Bekannten, sie traf sich vielmehr mit ihrem Liebhaber Heiko W. in Dinslaken.

Der Ehemann ist noch mehrmals seiner Frau hinterhergefahren, sämtliche darauffolgenden Aussprachen führten jedoch zu nichts. Schließlich überzeugte der Ehemann einen Freund davon, mit ihm gemeinsam zu der Adresse des Heiko W. zu fahren. Der Freund allerdings verabschiedete sich bald schon wieder, und der gehörnte Ehemann traf schließlich nachts allein auf seinen Nebenbuhler. Es kam zu einer Auseinandersetzung, und danach war Heiko W. von einem Tag auf den anderen verschwunden. Das Ganze bemerkte schließlich auch die Geliebte beziehungsweise Ehefrau, die die Polizei über das Verschwinden des Heiko W. informierte. Die örtliche Polizei hat daraufhin uns als Mordkommission informiert, und wir haben uns natürlich um den Ehemann der Frau gekümmert – weil es in solchen Fällen ja nicht allzu schwer ist, eins und eins zusammenzuzählen. Wir haben in einem der nächsten Schritte das Auto des Ehemannes beschlagnahmt und konnten an dem Wagen Blutspuren im Bereich des Kofferraumes feststellen. Diese Spuren konnten Heiko W. zugeordnet werden, und auch an dessen Adresse konnten wir im Bereich der Garage Blutspuren ausfindig machen, die sich ebenfalls zuordnen ließen.

Der gehörnte Ehemann kannte also diese Adresse, er hatte sie aufgesucht und Heiko W. zur Rede gestellt. Er selbst sagte zudem aus, es habe zunächst eine Auseinandersetzung zwischen den beiden Männern gegeben, bei der der eine den anderen in den Schwitzkasten genommen habe. Der Ehemann habe in dieser Situation durch Zufall einen Schraubendreher in seiner Bekleidung entdeckt und er habe mit diesem Werkzeug aus Angst zugestochen. Heiko W. sei daraufhin zu Boden gestürzt und der Ehemann habe den leblos erscheinenden Körper mit einer Plane – die ebenfalls zufällig dort gelegen habe – eingewickelt und schließlich in den Kofferraum seines Wagens verfrachtet. Von dort sei er nach Paderborn gefahren und habe den Körper des Toten in einem Wald vergraben. Das also war die eine Version.

Wir auf der anderen Seite konnten am Körper des Opfers nicht weniger als 28 Stiche feststellen. Allein der Rückenbereich wies 19 Stichverletzungen auf – offensichtlich war mit sehr großer Wut auf den Mann eingestochen worden. Der Verdächtige hatte uns gegenüber die Tat als eine sehr emotionale Handlung dargestellt und damit als einen Totschlag und nicht als einen geplanten Mord. Wir aber erstellten Zeitdiagramme und konnten mit deren Hilfe festmachen, dass der Täter unmöglich erst am Tattag das Grab für sein Opfer ausgehoben haben konnte – er musste genau das vielmehr mindestens schon einen Tag zuvor erledigt haben. Laut Zeitdiagramm konnte ihm nur wenig Zeit geblieben sein, um die Leiche von einem Ort an den anderen zu fahren, und das Ausheben eines anderthalb Meter langen und 70 Zentimeter tiefen Erdgrabes hätte er nicht binnen zehn Minuten oder einer Viertelstunde erledigen können. Daher waren wir als Ermittler uns sehr sicher, dass er dieses Grab schon früher ausgehoben hatte. Was gleichbedeutend damit war, dass es sich bei der Tötung eben nicht um eine emotionale Tat im Affekt und einen Totschlag gehandelt hatte. Der Tod des Nebenbuhlers war vielmehr von vornherein mit in Kauf genommen, wenn nicht sogar grundsätzlich geplant worden.

Alles in allem handelte es sich um einen Fall, der rein auf der Ermittlungsebene und auch kriminalistisch relativ einfach zu handhaben war. Aber es kam eben darauf an, anhand des zeitlichen Rahmens und anhand der vorliegenden Spuren zu beweisen, dass es sich nicht um einen Totschlag, sondern einen Mord gehandelt hatte.

Wobei man den ganzen Fall natürlich noch aus einer vollkommen anderen Perspektive betrachten kann: Es gab eine Frau, die Mutter von drei Kindern war und die ihren Mann betrog. Als der Ehemann dann von der Untreue erfuhr, zog die Frau jedoch nicht die Konsequenzen, die sie meiner persönlichen Überzeugung nach hätte ziehen sollen: Sie hätte ihrem Mann sagen sollen, sie werde ihn verlassen. Weil sie aber nicht so konsequent war, musste am Ende ein Mensch sterben.

EIN POLITISCHER AUFTRAGS-MORD MITTEN IM RUHRGEBIET

Ein politischer Auftragsmord, das ist in Deutschland sicher die Ausnahme. Meines Wissens ist es noch nie zu einer beauftragten Tötung eines bundesdeutschen Politikers gekommen – was jedoch nicht bedeutet, dass solche politisch motivierten Morde nicht auch bei uns vorkommen. Denn einer der Fälle, die mir aus meiner Laufbahn in Erinnerung geblieben sind, war genau das – ein politischer Auftragsmord unter linksgerichteten türkischen Staatsbürgern.

Der Hintergrund bestand darin, dass sich von der Kommunistischen Partei der Türkei/Marxisten-Leninisten TKP/ML eine Gruppe abgesplittet hatte, die sich KP-IÖ nannte.

Der Vorsitzende dieser KP-IÖ war ein gewisser Kemal Y., und genau dieser Mann war am Vormittag des sonnigen 29. August 1996 nun in Duisburg unterwegs. Er ließ sich in einem Auto von seinem Fahrer chauffieren, der an einer Kreuzung unweit des örtlichen Stadions stoppen musste. Gleichzeitig setzte sich ein roter VW Golf rechts neben den Wagen des kommunistischen Politikers. Sekunden später wurden aus ebendiesem Golf Schüsse abgegeben. Die großkalibrigen Projektile zerfetzten die B-Säule des Wagens, trafen Kemal Y. am Arm und fügten ihm tödliche Kopfverletzungen zu. Zeugen beobachteten, wie der rote Golf danach in Richtung des Stadions flüchtete. Die eingeleitete Großfahndung nach dem Wagen blieb zunächst erfolglos, allerdings hatten Zeugen das Kennzeichen des Wagens ablesen können.

Interessanterweise handelte es sich bei dem Golf um einen Wagen, der bei einer Autovermietung in Köln angemietet worden war – und zwar von einem gewissen Remzi U. Dieser Remzi U. wiederum gehörte ebenfalls einer linksgerichteten türkischen Organisation an und wohnte in Köln in der Nähe des Autobahndreiecks Köln-Ost. Schon am Tag nach dem Mord konnte der Mann festgenommen werden. Allerdings sagte er nun aus, er habe den gemieteten Golf an seinen Cousin Bülent U. weitergegeben. Mit Hilfe des Staatsschutzes fanden wir bald heraus, dass es sich bei diesem Bülent U. um einen Funktionär einer ebenfalls linksgerichteten türkischen Organisation handelte. Daraufhin haben wir versucht, an diese Person heranzukommen, und zwar mit allen Mitteln, die uns zur Verfügung standen – mit telefonischer Überwachung und weiteren Maßnahmen, allerdings ohne Erfolg.

Also hatten wir weiter zwar Remzi U., aber wir hatten keine Spur von Bülent U. Daher wurde nun noch einmal das Alibi des Remzi U. überprüft, der sich nach seinen eigenen Angaben zum Zeitpunkt des Mordanschlags in Köln aufgehalten hatte. Allerdings konnten wir dieses Alibi bald widerlegen, und wir konnten durch eigene Fahrversuche feststellen, dass sich die Strecke zwischen dem Wohnort von Remzi U. in Köln und dem Tatort in Duisburg durchaus in rund 45 Minuten bewältigen ließ. Letztlich aber ergaben unsere weiteren Untersuchungen, dass sich an den Händen des Remzi U. keinerlei Schmauchspuren befanden. Da er erst einen Tag nach der Tat festgenommen worden war, war dies auch nicht unbedingt zu erwarten. So konnte er sich noch vor der Festnahme die Hände gewaschen haben, was eine Erklärung für das Fehlen dieser Spuren bedeutet hätte. Das brachte uns also nicht weiter, und wir stießen im Grunde an unsere Grenzen. Bis wir uns nach einer Weile dann Folgendes sagten: Wenn sich jemand in einem Fahrzeug befindet, dann legt sich besagter Schmauch normalerweise nicht nur an den Händen ab, sondern wir müssten ihn vielmehr im gesamten Fahrzeuginneren finden können. Der Schmauch musste sich daher unter anderem auch an der Kleidung oder den Haaren des Schützen befinden.

Wir haben daraufhin den Mietwagen und die Kleidung des Remzi U. untersucht, was uns letztlich zu dem Ergebnis brachte, dass der Verdächtige im Bereich seines Haupthaares erhebliche Schmauchspuranhaftungen aufwies, vor allem und konzentriert im Bereich des Hinterkopfes. Unsere Überlegungen gingen nun in die Richtung, dass Remzi U. möglicherweise der Fahrer des Wagens gewesen war und die Schüsse hinter ihm, also vom Rücksitz aus, abgegeben worden waren. So würde sich die Schmauchspurenkonzentration am Hinterkopf erklären. Nun gab es zum Tatzeitpunkt im Jahre 1996 bereits die heute jedermann aus diversen Kriminalfilmen geläufige DNA-Untersuchung, die uns bei einer weiteren Untersuchung des Fahrzeuges geholfen hat. Mit ihrer Hilfe ließ sich nämlich feststellen, wer im Auto und vor allem wer auf welchem Platz gesessen haben musste. Insgesamt fanden sich Spuren von vier Personen, die den Mietwagen vor der Tat angemietet hatten, außerdem konnten wir die DNA des Remzi U. nachweisen, aber tatsächlich nur im Bereich des Fahrersitzes.

Das stellte uns vor gewisse Herausforderungen, vor allem aus dem Grund, dass Bülent U., der schon erwähnte Cousin des Verdächtigen, zwar mit internationalem Haftbefehl gesucht wurde, sich aber immer noch auf der Flucht befand. Wir kamen einfach nicht näher an ihn heran, er schien vielmehr Deutschland verlassen zu haben.

In der Folge kam es zunächst tatsächlich zu einem Prozess gegen Remzi U. wegen der Tötung des Kemal Y. Während des Prozesses hatte der Angeklagte einen recht fähigen Anwalt aus Duisburg, der alle Untersuchungsergebnisse hinterfragte und der wirklich alles für seinen Mandanten getan hat, um ihn vor einer Verurteilung zu bewahren. So ein Einsatz für den Mandanten gehört in einem Staat wie dem unseren meiner Meinung nach zum Fairplay, selbst wenn dieser Einsatz mit kritischen Fragen an die ermittelnden Polizeibeamten verbunden ist. Dieser Anwalt kam dann schließlich mit einem neuen Beweisantrag und ließ die Beamten der Mordkommission, die Remzi U. ursprünglich in Köln hatten festnehmen können, noch einmal als Zeugen erscheinen. Die Kollegen wurden gefragt, wie die Festnahme abgelaufen sei, wie sie etwa den Festgenommenen in einem Auto auf der Rücksitzbank platziert hätten – wobei zur Sprache kam, dass unter anderem auch der Kopf des Mannes angefasst worden war.

Für den Anwalt führte das zu einer seiner Meinung nach schlüssigen Erklärung: Dass nämlich sämtliche Schmauchanhaftungen am Kopf seines Mandanten von den an der Festnahme beteiligten Beamten stammten – denn die hantierten schließlich täglich mit Waffen, und selbst wenn sie an einem Tag nicht mit ihrer Waffe trainierten, würden sie diese doch munitionieren und in das Holster stecken. So komme es automatisch zu einer Schmauchübertragung auf ihre Hände und anschließend zu einer Sekundärübertragung, wie sie am Kopf des Angeklagten zu finden gewesen sei.

Für mich als Leiter der Mordkommission war klar: Wir mussten diese Behauptung entkräften. Wenn uns das nicht gelang, würde Remzi U. als freier Mann den Gerichtssaal wieder verlassen können. Daraufhin haben wir uns gemeinsam mit dem Landeskriminalamt genauer mit der Zusammensetzung des Schmauches beschäftigt. Das für uns angenehme Ergebnis bestand in der Erkenntnis, dass die Polizei in Nordrhein-Westfalen bleifrei schießt. Wir verwenden also keine Munition, in der sich, wie in manchen Ostblockländern, diverse Schadstoffe befinden, die dann natürlich auch in den Schmauchspuren feststellbar sind. An Remzi U.s Haaren allerdings befanden sich Schmauchspuren, deren Zusammensetzung exakt der am Tatort gefundenen Munition entsprach. Die bleifreie Munition der Polizei wiederum unterschied sich deutlich von dieser Zusammensetzung. Letztlich führte das dazu, dass der Angeklagte wegen des Mordes verurteilt wurde.

Das war für uns zunächst einmal ein zufriedenstellendes Ergebnis. Trotzdem haben wir immer noch weiter ermittelt und uns gefragt, wie wir denn doch noch an den abgetauchten Bülent U. herankommen könnten. Im Rahmen von Überwachungsmaßnahmen stellte sich schließlich heraus, dass dieser Bülent U. weiterhin Kontakt zu seiner Familie und anderen Personen hielt, die weiträumig verteilt in Nordrhein-Westfalen zu finden waren. Auf diese Weise konnten wir schließlich Daten herausfiltern, die uns zu dem Schluss brachten, Bülent U. müsse sich im Großraum Paris befinden. Also wurde ein Rechtshilfeersuchen gestellt, um auch in Frankreich entsprechende Überwachungsmaßnahmen durchführen zu können.

Wenig später übermittelten uns die französischen Kollegen Erkenntnisse über ein Lokal im Pariser Norden, in dem sich linksgerichtete Türken trafen. Außerdem musste Bülent U. im Umfeld dieses Lokals bereits telefoniert haben. Was dann dazu führte, dass ich mit einem Kollegen nach Paris gereist bin. Dort wurden wir von einer Verbindungsbeamtin des Bundeskriminalamtes betreut und haben gemeinsam mit französischen Kollegen ein Objekt in Paris observiert, so dass wir nach relativ kurzer Zeit den Gesuchten lokalisieren konnten.

Bülent U. hatte inzwischen versucht, sein Aussehen zu verändern – trotzdem waren wir uns sicher, den von uns gesuchten Mann gefunden zu haben. Eine französische Sondereinheit konnte ihn schließlich unmittelbar vor dem erwähnten Lokal im Pariser Norden überwältigen und festnehmen. Danach ging es für uns in Richtung des Pariser Polizeipräsidiums, das sich wiederum in der Nähe des Innenministeriums befindet. Dabei kamen wir am weltberühmten Triumphbogen vorbei, dem Arc de Triomphe – den wir mit unserem Fahrer von der französischen Polizei unter Blaulicht dreimal jubelnd umrundeten. Das war für mich als deutschen Polizeibeamten ein durchaus erhabenes Gefühl.

Aber natürlich ging es bald wieder um die Arbeit. Dazu ist zu sagen, dass ich die Zusammenarbeit mit den französischen Kollegen in diesem Fall als sehr angenehm empfand, gleichzeitig aber hatten wir als deutsche Beamte im Ausland keinerlei Rechte. Ich durfte also Bülent U. keine Fragen stellen und ich durfte keinerlei Beweismittel mitnehmen. Hier ging es vor allen Dingen um Unterlagen, die Rückschlüsse auf seine Kommunikationswege und mögliche Mittäter zuließen. Das führte mir dann einmal mehr deutlich vor Augen, dass wir zwar von einem vereinten Europa sprechen, sich andererseits aber die Exekutivkräfte in diesem Bereich sehr voneinander abschotten. Trotzdem wurde Bülent U. nach etwa einem halben Jahr nach Deutschland ausgeliefert, wo ihm dann der Prozess gemacht wurde – und wo er schließlich wegen des Mordes verurteilt wurde.

WIE EIN STROMAUSFALL EINEN MORD ANS LICHT BRACHTE

Im Fall des Bülent U. war neben der reinen Ermittlung sicher die gute Zusammenarbeit mit den französischen Kollegen ein entscheidender Faktor. Es handelte sich aber beileibe nicht um den einzigen Fall in meinem Berufsleben, in dem über Staatsgrenzen hinweg ermittelt wurde. Ich erinnere mich in dem Zusammenhang auch an einen anderen Fall, in dem es um die Leiche einer Frau ging, die im Rotterdamer Stadtteil Schiedam in einer Tiefkühltruhe aufgefunden worden war. Entdeckt wurde sie vor allem aus dem Grund, dass in dem entsprechenden Gebäude der Strom eine Zeitlang ausgefallen war und die Anwohner nach einer Weile einen ungewöhnlichen Gestank bemerkten. Daraufhin wurde die Polizei geholt, die schließlich die bereits stark verweste Leiche einer jungen Frau in der Tiefkühltruhe entdeckte. Man ermittelte dann das Umfeld dieser Frau, zu dem nicht zuletzt ein Ehemann zählte, der aus dem Großraum Duisburg stammte.

Nachdem sich ein niederländischer Kollege daraufhin mit uns in Verbindung gesetzt hatte, stellte sich heraus, dass der Ehemann der Toten vorbestraft war und mit einer Vielzahl krimineller Personen verkehrte. Weil der Lebensmittelpunkt dieses Personenkreises mit seinen Aktivitäten sich in Deutschland befand, entschied die Staatsanwaltschaft Duisburg nun, wir sollten das Verfahren federführend übernehmen. Was wir auch taten, und zwar in enger Zusammenarbeit mit dem niederländischen Kollegen, der uns ja überhaupt erst über die Tat informiert hatte. In der Folge gestaltete sich die Zusammenarbeit weitaus enger, als es mit der französischen Polizei im Fall des Bülent U. der Fall gewesen ist. Die niederländischen Kollegen teilten mit uns ihre gesamten Ermittlungsergebnisse, es gab zudem die Möglichkeit, dass auch wir uns den Tatort einmal genau anschauen konnten. Beide Seiten ergänzten sich und arbeiteten sich gegenseitig zu.

Auf deutscher Seite ermittelten wir schließlich, dass der Ehemann der Ermordeten zusammen mit zwei weiteren Männern offensichtlich einen Kinderpornoring betrieb beziehungsweise betreiben wollte. Bei den anderen beiden Männern handelte es sich um einen Freund des Ehemannes aus dem Duisburger Bereich sowie einen über 80-jährigen Mann aus dem Raum Düsseldorf, der schon vorher der Pädophilenszene zuzurechnen war. Nun muss man sagen, dass nicht jeder Pädophile automatisch auch kriminell ist. In diesem Fall jedoch haben wir durch verdeckte Überwachungsmaßnahmen feststellen können, was diese drei Männer planten. Dazu gehörte, dass die kleinen Kinder der ermordeten Frau für Filmaufnahmen eingesetzt werden sollten. Die Frau aber war hinter genau diese Pläne gekommen und hatte ihrem Mann gedroht, sie wolle zur Polizei gehen – woraufhin die drei Männer sie töteten und in der Tiefkühltruhe in einer angemieteten Wohnung in Rotterdam-Schiedam ablegten. Sie taten dies in der Hoffnung, die elektrisch betriebene Truhe würde ewig weiterfunktionieren, so dass man sich nie wieder um die tiefgefrorene Leiche der Frau würde kümmern müssen.

Wir haben die Männer drei Wochen nach der Tat festnehmen können und recht zügig von ihnen Geständnisse erhalten. Die Gerichtsverhandlung fand in Duisburg statt, alle drei Männer sind wegen des Mordes und einer von ihnen dazu noch wegen sexuellen Missbrauchs von Minderjährigen verurteilt worden. Er hatte sich mehrfach an den Kindern sexuell vergangen.

DIE MAFIAMORDE VON DUISBURG – TEIL 3: DIE AUFKLÄRUNG

Was den Tatort der Mafiamorde von Duisburg angeht, war davon auszugehen, dass diese Örtlichkeit zuvor von den Tätern ausbaldowert worden war. Die Täter konnten das Areal also ausgespäht haben, weil sich nicht wenige Täter vorab mit den Gewohnheiten ihrer späteren Opfer befassen. Für uns bedeutete das im Rahmen der Ermittlungen nun, im Grunde jeden Stein im Umkreis von einem Quadratkilometer umzudrehen. Jeder Hausbewohner der Gegend wurde befragt, es wurde jede Zigarettenkippe eingesammelt, die an einem Ort lag, von dem aus sich der Tatort einsehen ließ. Und natürlich wurden alle Funkzellendaten ausgewertet, weil wir so feststellen konnten, welches Handy sich dort befunden hatte. Insgesamt kamen wir am Ende auf Hunderttausende von Datensätzen, die mit richterlichem Beschluss ausgewertet wurden. Ebenso wurde ausgewertet, welche Gespräche in der Tatnacht von Deutschland aus nach Italien geführt worden waren – und umgekehrt. Natürlich bezieht sich das nicht auf Gesprächsinhalte, sondern lediglich auf Daten, die im Bereich der Telekommunikation von den Netzbetreibern zu Abrechnungszwecken festgehalten werden. All diese Daten lassen sich sichern, und sie lassen sich dann später noch auswerten. Das war für mich sehr wichtig, denn ich war überzeugt davon, dass es in der Nacht sehr schnell zu einer Kommunikation zwischen möglichen Auftraggebern und den Tätern gekommen sein musste.

Gerade anfangs haben wir sehr viele Hypothesen zu den Hintergründen der eigentlichen Tat aufgestellt – weil es eben sehr viele Motive gab, die in Frage kamen. Außerdem ist ein ermittelnder Polizist immer gut beraten, wenn er erst einmal von mehreren Möglichkeiten ausgeht.

Natürlich kamen bald die Medien auf uns zu und fragten nach den möglichen Motiven. Ich antwortete darauf in unserer ersten Pressekonferenz in der Form, dass wir in alle Richtungen ermitteln würden. Weil es tatsächlich vieles gab, das wir nicht ausschließen konnten. Und selbst wenn schon früh der Mord mit Mafiahintergrund fast auf der Hand lag, war es meiner Meinung nach richtig, genau so vorzugehen, wie wir vorgegangen sind. Denn ich möchte mir nicht vorstellen, was geschehen wäre, hätten wir von Anfang an von Mafiamorden gesprochen – und am Ende hätte sich das alles als eine profane Eifersuchtstat entpuppt. Ich persönlich habe schon die unglaublichsten Dinge erlebt. Ich habe zum Beispiel erlebt, dass ein Täter mehrere Menschen erschossen hat – nur um damit eine andere Tat zu kaschieren. Dieser Mann hatte es eigentlich nur auf eine einzige Person abgesehen, aber er hat die anderen ebenfalls umgebracht, weil er so sein eigentliches Motiv verschleiern wollte.

All das war im Grunde möglich, und daher haben wir es nach außen also zunächst so dargestellt, als würden wir in alle Richtungen gleichermaßen ermitteln – gleichwohl haben wir intern einen Schwerpunkt auf die Mafiahintergründe gelegt. Schließlich wussten wir von der Blutfehde in San Luca. Wir wussten aber außerdem von Expansionsplänen, in denen sich der »Da Bruno«-Wirt Sebastiano S. und sein Bruder uneinig waren – wodurch sich ein weiteres Bedrohungsszenario ergab. Des Weiteren haben wir mit Blick auf Auseinandersetzungen im Rauschgiftmilieu und damit verbundene Interessenkonflikte ermittelt, die ebenfalls eine Rolle hätten spielen können. Aber wir konnten eben auch innerfamiliäre Streitigkeiten oder Eifersüchteleien nicht ausschließen. Wie gesagt lag der Schwerpunkt der Ermittlungen jedoch auf einem Zusammenhang zwischen den Tötungsdelikten und der Blutfehde in San Luca. Die anderen Möglichkeiten haben wir uns offengehalten, weil sich ein Ermittler am Ende nicht den Vorwurf gefallen lassen möchte, er hätte einseitig ermittelt.

Dass uns Kollegen des Landes- und des Bundeskriminalamtes zur Verfügung standen, das stellte für uns eine deutliche Erleichterung dar. Vor allem standen uns so auch direkte Kontakte vor Ort zur Verfügung. Man ist also in das Büro der Kollegen vom Landeskriminalamt gegangen oder man ist einfach in das Büro der italienischen Kollegen gegangen und hat sich mit denen über den Fall unterhalten. So konnten viele Ermittlungsschritte quasi von jetzt auf gleich getan werden, die sich andernfalls sehr viel aufwändiger gestaltet hätten.

Wichtig war auch, dass wir aus anderen großen Fällen gelernt haben, wir wissen schließlich, was bei anderen, ähnlich umfangreichen Ermittlungen in die Hose gegangen ist. Ein Beispiel ist die Entführung des Arbeitgeberpräsidenten Hanns Martin Schleyer im Jahr 1977. Damals wurden wichtige Erkenntnisse zunächst kaum beachtet, dann ging auch noch ein entsprechendes Fernschreiben verloren – was sich zusammengenommen zu der folgenreichsten Panne der bundesdeutschen Kriminalgeschichte entwickelte. Ohne diese Panne hätte der Entführte möglicherweise rechtzeitig gefunden werden können und wäre vermutlich nicht ermordet worden.

Damit uns so etwas nicht passieren konnte, arbeiteten wir mit einem Ermittlungssystem auf Basis der Software rsCase. Es war neu für die Polizei entwickelt worden und wurde zu dieser Zeit bereits von den Kollegen in Bayern genutzt. Dieses System erlaubt die Bearbeitung Hunderttausender Daten. Diese können mit Hilfe von rsCase zusammengeführt werden, und es besteht dann die Möglichkeit, darin mit Suchbegriffen zu arbeiten. Es werden außerdem Verknüpfungen erstellt, Tatzusammenhänge werden verdeutlicht. Habe ich beispielsweise ein Kennzeichenfragment erkannt, dann wird mir über eine Maske auf dem Bildschirm automatisch angeboten, in welchen Zusammenhängen genau dieses Fragment eine Rolle spielt. Mit diesem System haben wir also im Fall der Mafiamorde sofort arbeiten können. Dabei wurden wir von bayrischen Kollegen in vorbildlicher Weise unterstützt – was allerdings auch bedeutete, dass die gesamte Mordkommission mit allen Beteiligten eine Kurzschulung absolvieren musste, bei der die Grundfunktionen des Systems vermittelt wurden. Diese Schulung wiederum fand natürlich noch neben der normalen Arbeit an unserem Fall statt.

Um zu verstehen, wie wichtig all das war, muss man sich einmal die Zahl der Daten vor Augen führen, die wir zu bearbeiten hatten. So lagen uns mehr als eintausend Hinweise vor, wir legten über fünftausend Spuren an, wir haben außerdem im Rahmen des Verfahrens mehr als einhundert Handys inklusive der entsprechenden SIM-Karten sichergestellt, die allesamt ausgelesen werden mussten. Wir befanden uns daneben noch in einem Bereich von gut einer Million Funkzellendaten, denn wir haben nicht nur die Daten des Tatortes ausgewertet, wir haben später auch an den Aufenthaltsorten der Täter sogenannte »Gegenläufe« durchgeführt. Dabei ging es darum, ob wir übereinstimmende Telefondaten haben. So sind wir auf ein im belgischen Gent abgestelltes Fluchtfahrzeug gestoßen, haben eine konspirative Wohnung in Düsseldorf ausmachen können, und wir hatten eine Anschrift aus Neuss, an der sich Tatverdächtige aufgehalten haben sollten. Das alles war das Ergebnis moderner Polizeiarbeit, die sich jedoch nur machen lässt, wenn die Polizei auf Mittel wie das erwähnte rsCase zurückgreifen kann.

Aber die erwähnten Fakten und Zahlen waren noch längst nicht alles, was in diesem Fall zusammenkam und bearbeitet werden musste. Wir haben nicht weniger als einhundert Telefonüberwachungen durchgeführt und konnten dabei auf sechs Dolmetscher zurückgreifen, die uns die vielen Gespräche beziehungsweise Aufzeichnungen übersetzten. Wir haben alle Radarverstöße im Umkreis des Tatortes erfasst, weil davon auszugehen war, dass die Täter schnell und gegebenenfalls mit entsprechend hoher Geschwindigkeit vom Tatort weggefahren waren, auch wurden alle Rotlichtverstöße registriert. Zudem war unmittelbar nach der Tat durch die Einsatzleitstelle des Polizeipräsidiums Duisburg eine Ringalarmfahndung ausgelöst worden. Hierbei wurden planmäßig festgelegte Punkte um den Tatort besetzt und die dortigen Fahrzeugbewegungen im Nachhinein ausgewertet. Wir haben außerdem Fluglisten ausgewertet, um zu erfahren, wer wann von wo geflogen ist, auch haben wir geprüft, welche Fahrzeuge bei Autovermietern angemietet worden waren, und, und, und – das alles wurde von uns ausgewertet. Letztlich ging es dabei um Daten in einem Umfang von mehr als einer Million. So etwas ist nur machbar mit einer auch personell sehr groß aufgestellten, hoch motivierten Ermittlungskommission, in der sich keine »Graupen« befinden.

Trotzdem war es letztlich so, dass ich ohne eine Hilfe wie das erwähnte System rsCase nicht einmal die Namen der Beteiligten oder Verdächtigen hätte auseinanderhalten können. Wie schon erwähnt tauchten in dem Verfahren allein 71 verschiedene Personen mit den absolut identischen Vor- und Nachnamen Francesco Giorgi auf. All diese Menschen lebten in dem kalabrischen Ort San Luca und sie waren noch nicht einmal miteinander verwandt. Vor diesem Hintergrund war es natürlich noch zusätzlich hilfreich, dass sich bei uns vom ersten Tag nach der Tat an sieben Kollegen der italienischen Polizei aufhielten – wobei dazu zu sagen ist, dass die Italiener Wert darauf legen, einen Kollegen von jeder Waffengattung abzustellen. Wir hatten also ebenso Carabinieri dabei wie Kollegen der Spezialeinheit ROS Rom oder auch von Interpol Rom und der Polizia di Stato.

Für mich von der Seite der Mordkommission war es so, dass ich relativ schnell erkannte: Der Schlüssel zur Lösung des Falles musste in Italien liegen und dort auch zu finden sein – denn von dort mussten die Aufträge gekommen sein. Daher habe ich bereits in der ersten Woche Kollegen hinunter nach Kalabrien geschickt. Die allerdings bissen dort zunächst auf Granit. Sowohl bei den Carabinieri als auch bei der Polizia di Stato wurden die Kollegen hingehalten und erhielten kaum Informationen. Die Situation war nur als absolut ernüchternd zu beschreiben. Die Kollegen haben mich regelmäßig telefonisch kontaktiert und sich frustriert darüber beklagt, wie man sie sozusagen am langen Arm verhungern lasse. Dies deckte sich für mich mit den Erfahrungen, die ich selbst schon in meiner Laufbahn mit Italien gemacht hatte. Zur Erinnerung: In einem der Fälle, über die ich in diesem Buch berichtet habe, war einer der Täter nach Norditalien geflüchtet, wo dann damals alle von unserer Seite an die Italiener gerichteten Rechtshilfeersuchen unbeantwortet blieben. Die Situation der nach Kalabrien geschickten

Kollegen bestätigte damals meine Meinung über die Hilfsbereitschaft italienischer Behörden. Mein damaliger Vorgesetzter und ich haben uns schließlich über die Lage unterhalten und kamen dabei zu dem Schluss, wir sollten womöglich selbst einmal hinunter nach Italien fahren.

In diesem Zusammenhang ist festzuhalten, dass die Italiener eine vollkommen andere Ermittlungsphilosophie als wir Deutschen haben. Wir Deutschen setzen immer auf den Personal- und Sachbeweis – also auf die Zeugenaussagen und die kriminaltechnischen Untersuchungsergebnisse. In Italien dagegen kennt man den Personalbeweis so gut wie gar nicht. Man setzt vielmehr auf eher langfristige Verfahren und hört etwa monate- oder jahrelang Gott und die Welt ab. Man verwanzt Wohnungen, man verwanzt Fahrzeuge – es reicht im Grunde ein Anruf beim Staatsanwalt, und schon kann man – vereinfacht gesagt – mit den Maßnahmen beginnen. Was man aber in Italien nicht anwendet, das sind die bei uns geläufigen Maßnahmen wie etwa die Vernehmung von Zeugen und Opfern. Das hängt nicht zuletzt mit dem Gesetz der *Omertà* zusammen, das dort gilt – also der Schweigepflicht, der sich Mitglieder der Mafia und anderer krimineller Organisationen unterwerfen. Diese *Omertà* bedeutet letztlich: Die Polizei bekommt keine Aussagen von Zeugen, die etwa der ’Ndrangheta angehören.

Eine der wenigen Ausnahmen von dieser Regel stellt Giorgio Basile dar, genannt »das Engelsgesicht«. Der ehemalige Auftragsmörder der ’Ndrangheta wurde 1998 in Deutschland festgenommen und später zu einem Kronzeugen gegen die ’Ndrangheta; er verhalf mit seinen Aussagen der Polizei zur Festnahme von rund fünfzig Mafiosi. Drohten ihm wegen früherer Taten in Italien fünfzig Jahre Haft, musste er wegen seiner Aussagen nun gerade einmal sechs Monate absitzen. Inzwischen lebt Basile unter neuem Namen in einem italienischen Zeugenschutzprogramm. Aber so etwas ist wie gesagt eine Ausnahme, normalerweise beschränken sich Mafiaangehörige auf das Schweigen. Denn reden wir von der 'Ndrangheta, dann muss man wissen, dass diese Mafiaorganisation immer auch Zugriff auf Familienangehörige hat – und diesen Zugriff in nachvollziehbarer Form nutzen würde, sollte ein Mitglied bei der Polizei zu übermäßiger Plauderei neigen. Der Arm der Mafia reicht bis hin zu den Personen, die hier in Deutschland leben, und genau aus diesem Grund wird niemand so schnell dem Mund aufmachen.

Zielgerichtetes Ermitteln, wie man es bei uns kennt, ist vor dem geschilderten Hintergrund gar nicht umsetzbar, und auch die Rechtssysteme gestalten sich demnach vollkommen unterschiedlich. So gibt es in Italien einen Anti-Mafia-Paragrafen, der eine sehr gute Errungenschaft darstellt. Anhand dieses Paragrafen können die Behörden jederzeit die Besitzverhältnisse von Personen überprüfen und fragen, woher eine Person ihr Vermögen hat – kann die Person die Herkunft ihres Geldes nicht nachweisen, dann wird das Geld schlichtweg beschlagnahmt. Genau diese Möglichkeit wünschen sich nicht wenige Ermittler auch hier bei uns.

Daneben weisen die italienischen Strafverfolgungsbehörden aber eben auch die eine oder andere negative Eigenschaft auf. Man kennt dort beispielsweise keinen zentralen Schusswaffenerkennungsdienst, es existiert keine zentrale Datensammlung für DNA wie bei uns – und gerade die DNA-Analyse beziehungsweise eine entsprechende Datei ist heutzutage nun mal das zentrale Mittel der Verbrechensbekämpfung und hat die kriminalistische Fallbearbeitung revolutioniert. Doch selbst wenn in Italien eine Person einen Mord begeht, wird in der Regel noch nicht einmal eine Speichelprobe zum Abgleich genommen. Wofür auch, man hat ja schließlich keine Datenbank.

Auch in Hinblick auf den internationalen Austausch von Daten hinkt Italien weiter hinterher. Darüber freuen sich alle italienischen Ganoven und Mafiaangehörige, wenn sie zu uns nach Deutschland kommen – nun können sie nämlich sicher sein, dass von Italien aus keine Daten über sie weitergegeben werden. Man kann es kurz zusammenfassen: Es gibt in diesem Zusammenhang in Italien noch sehr viel zu verbessern.

Kehren wir zurück zum eigentlichen Fall und damit zu den Mafiamorden in Duisburg, dann gilt auch hier, dass wir sehr viele Fakten nicht zuletzt über DNA abklären konnten. Wir haben für diese Ermittlungen sogar einen regelrechten DNA-Atlas angelegt, in dem zu finden ist, an welchem Tatort wir welche Spuren sichergestellt haben. Oder es wurde festgehalten, zu wem eine bestimmte DNA gehört, die wir vielleicht auf einer Zigarettenkippe gefunden haben. Auch wer in einem Fahrzeug welche Teile berührt hatte, wurde auf diese Weise verewigt. Als die italienischen Kollegen davon erfuhren und sich ein Bild von den Anwendungsmöglichkeiten der DNA-Analyse machen konnten, haben sie uns regelrecht beneidet. Ich habe mich auch selbst gefragt, warum ein Land wie Italien – mit exorbitant vielen Tötungsdelikten – auf ein solches Instrument verzichtet und somit den internationalen Austausch der Daten von Verbrechern behindert. Es waren aber nach den Morden nicht nur italienische Polizisten bei uns in Deutschland, es kamen in der Folge auch immer wieder Angehörige des italienischen Parlaments, die unter anderem den Tatort besichtigten. Von dieser Seite wurden nun regelmäßig Vorwürfe an die deutschen Behörden laut, in der Richtung, dass man bei uns ja keinerlei Nachweis erbringen müsse, woher etwa die Millionensumme stammt, mit der eine kurz zuvor noch mittellose Person bei uns ein Geschäft eröffnet hat. Machen wir den Italienern Vorwürfe wegen ihres Umganges mit der DNA oder auch in anderen Bereichen, dann müssen wir andererseits einsehen, dass die italienische

Seite mit diesen Vorwürfen ebenfalls recht hat und dass es bei uns auch so manches gibt, das sich noch optimieren ließe.

Ohnehin blieb die Zusammenarbeit beider Seiten nicht dauerhaft problematisch. Wie gesagt gab es Schwierigkeiten, als wir zum ersten Mal Kollegen nach Italien schickten, man muss dazu aber auch sagen, dass diese Schwierigkeiten überwunden werden konnten. Wir sind mit einer Gruppe nach Italien gefahren und konnten dort etwas feststellen, das im Grunde fast schon selbstverständlich klingt: Je besser man sich kennt, desto besser und letztlich unproblematischer gestaltet sich die Zusammenarbeit. Keine frisch ins Leben gerufene Task Force und auch kein wohlformuliertes Rechtshilfeersuchen ersetzt diesen persönlichen Kontakt.

Wie auch immer: Wenige Tage nach der Tat, am 20. August, erhielten wir erste Hinweise auf Italiener im Raum Kaarst und auf eine dort betriebene Pizzeria. Wie erwähnt hatten wir ein Montage- beziehungsweise Phantombild einer verdächtigen Person angefertigt, das zu diesen Hinweisen in Richtung Kaarst führte. Ein Inhaber der besagten Pizzeria trug den Namen Giovanni S. – er trug damit den gleichen Familiennamen wie der Betreiber des »Da Bruno«, doch auch in diesem Fall gab es keinerlei verwandtschaftliche Verbindung zwischen den Personen. Als wir unseren italienischen Kollegen in Duisburg diese Entwicklung mitteilten, konnten sie uns sagen, dass die betreffende Person schon zuvor in Erscheinung getreten war – und zwar im Zusammenhang mit der Ermordung von Maria S., jener Frau, die am ersten Weihnachtstag 2006 getötet worden war und deren Tod die zwischenzeitlich abgeflaute Blutfehde erst wieder zum Kochen gebracht hatte. Bei der Tötung der Maria S. wurde wie erwähnt auch ein Junge verletzt, und bei dem handelte es sich wiederum um einen Neffen jenes Giovanni S. und den

Sohn seines Bruders Antonio. Seine Schwester war zudem mit dem Bruder des Ehemannes der getöteten Maria S. verheiratet, der der Polizei ebenfalls durch zahlreiche Verfahren bekannt war. Besagter Giovanni S. hatte damals die Beerdigung der Maria S. besucht, er trug dabei eine Schusswaffe bei sich. Daraufhin sollte er von der Polizei festgenommen werden und wurde bei dieser Festnahmeaktion angeschossen. Das alles konnten uns die italienischen Carabinieri berichten, und sie konnten uns auch von dem anschließenden halbjährigen Gefängnisaufenthalt des Giovanni S. erzählen.

Wenige Wochen vor der Tat in Duisburg war der Mann aus dem Gefängnis entlassen worden, und die Gefängnisstrafe wurde in Hausarrest umgewandelt. Eine Maßnahme, wie sie in Italien sehr häufig durchgeführt wird. Die Einhaltung des Hausarrestes wird dann von der lokalen Polizeibehörde am Wohnort des Verurteilten überwacht. Angesichts überfüllter Gefängnisse ein alltäglicher Vorgang in Italien. Am 8. August und damit eine gute Woche vor der Tat hatte Giovanni S. mit seinem Bruder telefoniert. Er sagte diesem, er müsse hier oben in Deutschland etwas erledigen, der Bruder solle mit niemandem über diese Information sprechen. Dementsprechend konnte festgestellt werden, dass Giovanni S. kurz vor der Tat von Italien über Nürnberg nach Düsseldorf geflogen war, wo er sich zuvor unter konspirativen Umständen eine Wohnung in der Nähe des Düsseldorfer Hauptbahnhofes besorgt hatte – eine Wohnung also, von der niemand erfahren sollte. Es gab von ihm auch noch eine alte Wohnanschrift in Neuss, dorthin allerdings hatte er sich nicht bewegt, sondern sich über einen anderen Italiener, der gerade in Urlaub war, die Wohnung in Düsseldorf besorgt.

Bald schon versuchte Giovanni S., sich nun über ein Waffengeschäft in der Stadt Großraummagazine zu besorgen – für eine Beretta. Zeitgleich beauftragte er seinen Mitarbeiter Luca L., der bei ihm in Kaarst in seiner Pizzeria arbeitete, mit der Anmietung eines Renault Clio. Dafür gab er dem Mitarbeiter 500 Euro und wies ihn an, er solle keine umfangreichen Verträge unterzeichnen und vor allem den Namen seines Chefs Giovanni S. aus der Sache heraushalten, außerdem sollte das Fahrzeug abgedunkelte Scheiben haben. Luca L. und weitere Mitarbeiter der Kaarster Pizzeria wurden überdies beauftragt, verschiedene Handys und Schusswaffen zu verstecken. Eine dieser Waffen haben wir später im Rahmen einer Durchsuchung der Pizzeria samt Munition in einem Senffass gefunden. Wie wir heute wissen, geschah all das in Vorbereitung auf die Tat in Duisburg.

Den richterlichen Beschluss zur Durchsuchung diverser Wohnungen und Pizzerien konnten wir am 24. August herbeiführen. Daraufhin wurden fünf Wohnungen und zwei Pizzerien durchsucht, die alle dem verdächtigen Giovanni S. gehörten. Dort wurden DNA-Spuren und Fingerabdrücke gesichert, so dass wir feststellen konnten, auch Verwandte des Giovanni S. hatten sich in diesen Wohnungen aufgehalten. Zu diesem Personenkreis zählte Guiseppe N., der Schwager des Giovanni S., gegen den ein Haftbefehl vorlag, denn er war schon rechtskräftig zu vierzehn Jahren und acht Monaten Haft wegen internationalen Rauschgifthandels verurteilt worden. Der Haft hatte er sich jedoch durch eine Flucht in Richtung Niederlande entzogen. Schon seit dem Jahr 2003 wurde nach diesem Mann im gesamten Schengen-Raum gefahndet.

Daneben konnten wir diverse weitere DNA-Spuren sichern, und wir fanden Kassenzettel, die auf Einkäufe im Düsseldorfer Raum hinwiesen – und zwar am Tag vor der Tat in Duisburg. Anhand der Spuren auf Bierflaschen und Zigarettenkippen ließen sich weitere Personen zuordnen. Dabei spielte eine Spur eine besonders große Rolle für uns, weil sich hinter ihr ein weiterer Tatbeteiligter verbarg. Diese Spur erhielt in unserem serologischen Atlas, über den ich gleich noch berichten werde, die Nummer 13.

Auf Basis der gesammelten Beweise wurde nun zunächst ein Haftbefehl beantragt, mit dem der verschwundene Giovanni S. ab dem 31. August international gesucht wurde.

Inzwischen war von den Tatortbeamten in Zusammenarbeit mit dem Landeskriminalamt ein sogenannter serologischer Atlas für die mittlerweile nach dem Tatort »Mülheimer Straße« benannte Mordkommission erstellt worden. Ohne hier genauer auf wissenschaftliche Details einzugehen, lässt sich sagen, dass man mit einem solchen Atlas sehr genau feststellen kann, wer wo und an welchem Gegenstand seine DNA-Spuren hinterlassen hat. Diese Daten beziehungsweise Erkenntnisse wurden ständig mit der DNA-Analyse-Datei – kurz DAD – abgeglichen und auch in unsere Datenbank rsCase eingestellt. Das führte schließlich zu einer weiteren Erkenntnis: Die DNA des Giovanni S. war identisch mit der eines bis dato unbekannten Mittäters bei einem bewaffneten Raubüberfall, der Jahre zuvor in Bochum begangen worden war. Seinerzeit war diese DNA an einer Sturmhaube gesichert worden, die bei dem Überfall benutzt und dann in der Nähe des Tatortes abgelegt worden war. Die Folge war ein weiterer Haftbefehl gegen Giovanni S. wegen dieser weit zurückliegenden Tat. Ohnehin konnte Giovanni S. nicht als unbeschriebenes Blatt bezeichnet werden. Wir ermittelten nämlich, dass er Betrügereien mit Fahrzeugen durchgeführt hatte. Er mietete Autos an und meldete sie anschließend als gestohlen. Wir aber verfügten über Bildmaterial, das ihn in ebendiesen Autos zeigte – und zwar als Fahrer in Kalabrien, gemeinsam mit seinen Familienangehörigen.

Am 15. Oktober schließlich – und damit bereits rund zwei Monate nach der Tat – wurde der im Zusammenhang mit den Morden gesuchte Renault Clio in Belgien gefunden. Das Auto war allerdings offensichtlich saubergemacht worden, um etwaige Spuren zu vernichten. Trotzdem konnten immer noch Schmauchspuren und DNA gesichert werden, was für die hervorragende Arbeit unserer Kriminaltechniker spricht. Die Schmauchspuren entsprachen eindeutig der Tatmunition, die DNA-Spuren wiederum ließen sich eindeutig dem verschwundenen Giovanni S. zuordnen.

Auf dem Beifahrersitz konnten zudem DNA-Spuren einer weiteren Person festgestellt werden, die wiederum mit Spuren identisch waren, die wir in der konspirativ angemieteten Wohnung in Düsseldorf gefunden hatten. Dieses DNA-Profil war auch in einer früheren Wohnung des Giovanni S. in Neuss festzustellen. Es handelte sich bei dieser DNA um jene Spur, die in unserem serologischen Atlas die eben schon erwähnte Nummer 13 trug – was eine sehr wichtige Erkenntnis war, da diese DNA hier nun vermengt mit dem Schmauch vom Tatort vorlag. Der Spur kam damit eine ganz besondere Bedeutung zu.

Durch die Zusammensetzung der DNA wussten wir zudem, dass es verwandtschaftliche Zusammenhänge zwischen der Person, von der Spur Nummer 13 stammte, und Giovanni S. gab. Denn der Wissenschaft ist es inzwischen möglich, mittels der DNA Aussagen darüber zu treffen, ob es verwandtschaftliche Beziehungen zwischen Personen gibt. Wir haben also mit Hilfe von Kollegen aus dem Bereich organisierte Kriminalität Charts erstellt, mit denen wir die verwandtschaftlichen Bezüge unter den Personen abbilden konnten. Ohne diese Charts wäre das Auseinanderhalten der einzelnen Personen äußerst schwierig gewesen, denn wie schon in Hinblick auf die vielfache Namensgleichheit der beteiligten Personen erwähnt, werden in Italien Namen großväterlicher- und großmütterlicherseits weitergegeben. Bereits im September 2007, nur wenige Wochen nach der Bluttat, hatten wir den italienischen Kollegen mitgeteilt, von welchen Personen wir gerne die DNA hätten. In diesem September hatten wir somit also auch DNA von jener Person angefordert, die sich als Spur Nummer 13 und Bruder des Clanführers Gianluca N. erweisen sollte – und als der zweite Schütze neben Giovanni S.

Allerdings kennen die Italiener die Abnahme von DNA nicht in der Form, wie sie bei uns üblich ist. Sie gehen nicht zu der Person hin und erbitten oder fordern eine Speichelprobe. Vielmehr haben sie damals die jeweilige Person observiert und sich an sie gehängt und, wenn sie etwa in ein Restaurant gegangen ist, hinterher beispielsweise die benutzten Gläser genommen und die daran haftenden DNA-Spuren ausgewertet. Das alles hatte Verzögerungen zur Folge, aufgrund deren der Verursacher der Spur mit der Nummer 13 erst drei Jahre später, im Februar 2010, identifiziert und festgenommen werden konnte.

Noch im November 2007 fuhr ich ein zweites Mal nach Kalabrien. Denn wir hatten inzwischen festgestellt, dass zu den von uns durchsuchten Pizzerien Angestellte gehörten, die ihre Arbeitsstelle fluchtartig verlassen hatten und verschwunden waren. Zu diesen Verschwundenen zählte ein Domenico N. und damit jene Person, auf die das von uns erstellte Phantombild am ehesten zutraf.

Die Flucht all dieser Personen war überwiegend in Richtung Italien verlaufen, und ein Teil der Geflüchteten konnte im November auch in Italien festgenommen werden. Interessant dabei ist vor allem der Umstand, dass die italienische Polizei die Festnahme dieser eigentlich eher kleinen Fische regelrecht zelebrierte. Vorgeworfen wurde diesen Handlangern die Zugehörigkeit zu einer Mafiaorganisation – und man hat sie aus diesem Grunde in einer sehr großen Aktion festgenommen. Zudem wurden die Festnahmen auch so arrangiert, dass das italienische Fernsehen die Aktionen gut ins Bild bekam. Vor diesem Hintergrund ist unter anderem der Umstand zu sehen, dass die Festnahmen ursprünglich um zwei Uhr früh in der Nacht erfolgen sollen, der Termin dann aber immer weiter verschoben wurde – und man die Festnahmen schließlich erst zu einer Uhrzeit durchführte, zu der die Lichtverhältnisse für die Fernsehkameras passend waren.

Nicht vergessen werde ich etwa die Festnahme des Domenico N. Der wurde zunächst in seiner Wohnung festgenommen und danach zum Gebäude der Polizia di Stato transportiert. Dann wurde er in einen Hubschrauber gesetzt, was natürlich vom Fernsehen gefilmt wurde – der Verhaftete trug dabei Handschellen, die Polizisten zeigten sich mit halbvermummten Gesichtern. Schließlich hob der Hubschrauber ab, stieg bis auf eine Höhe von rund einhundert Metern auf – und landete wieder. Danach wurde der Verhaftete aus dem Hubschrauber geholt, in ein Auto gesetzt und weggefahren. Es handelte sich also um eine bloße Inszenierung für das Fernsehen.

Wir als deutsche Polizeibeamte haben das damals als typisch italienisch bezeichnet. Es gehe, befanden wir, den Behörden dort vor allem darum, eine gute Figur abzugeben – der italienische Ausdruck *bella figura* wurde daraufhin bei uns zu einem geflügelten Wort. Allerdings musste ich dann feststellen, dass die italienische Polizei das alles nicht einfach nur so veranstaltete, sondern dass es für diese Show handfeste Gründe gab. Im Jahr 2007 war in Italien noch Silvio Berlusconi an der Macht, und die italienischen Strafverfolgungsbehörden hatten es seinerzeit immens schwer, an Personalstellen und Sachmittel zu kommen. Sie kämpften daher zum Teil einen regelrechten Kampf gegen die Politik. Genau aus diesem Grund war es ihnen so wichtig, ihre Erfolge derart öffentlichkeitswirksam zu präsentieren. Auch ich habe zunächst über dieses Gebaren geschmunzelt und den Kopf geschüttelt, musste aber bald den sehr viel ernsteren Hintergrund erkennen, der sich dahinter verbarg. Dazu kommt, dass die einzelnen Polizeiorganisationen des Landes in einer Konkurrenzsituation zueinander stehen und sich vielfach spinnefeind sind, und schon deshalb ist jede Organisation gezwungen, ihre Arbeit als besonders gut oder erfolgreich zu verkaufen.

Aber kehren wir zurück zum eigentlichen Thema: Nach den ersten Monaten der Ermittlungsarbeit war uns nicht zuletzt eines klar: Wir hatten es mit Tätern zu tun, für die Staatsgrenzen keine Hürde darstellten, vor der sie Halt machen mussten. Diese Leute agierten europaweit und manche von ihnen sogar weltweit. Wir stellten Verbindungen in die Niederlande, nach Spanien, Südamerika und sogar bis nach Australien fest. Vor diesem Hintergrund war es nur konsequent, dass wir auch die Zielfahndung des Bundeskriminalamtes einschalteten. Denn Zielfahnder sind auf das Aufspüren von Personen spezialisiert, die plötzlich untergetaucht sind. Das führte zu einer intensiven Zusammenarbeit, die am Ende höchst erfolgreich war.

Schon zuvor waren von der Mordkommission Mülheimer Straße Bezüge in Richtung der Niederlande festgestellt worden. Zu diesen gehörte ein Hinweis, der gesuchte Giovanni S. würde sich in Amsterdam aufhalten. Auch einer der Angestellten seiner Pizzeria in Kaarst war in der Vergangenheit mehrfach nach Amsterdam gefahren, was sich anhand von Geschwindigkeitskontrollen belegen ließ, bei denen er fotografiert worden war. Hinzu kam noch, dass sich zwei Schwager von Giovanni S. in den Niederlanden aufhalten sollten. Ebenfalls ins Bild fügte sich eine

Nachricht der italienischen Kollegen mit dem Inhalt, die Schwester des Giovanni S. sei in die Niederlande gereist.

In der Folge kam es dann zu einem Treffen und zu einem Informationsaustausch der ermittelnden Dienststellen aus Italien, den Niederlanden und Deutschland. Bald schon konnten wir dann noch etwas feststellen: Die Ehefrauen von Guiseppe N. und Francesco R. hielten sich in einem Haus in dem Amsterdamer Stadtteil Amstelveen auf. An einem Sonntag im November 2008 beobachteten niederländische Observierungsteams ein Treffen der beiden Frauen mit zwei Männern. Einer der beiden Männer war Giovanni S., da waren sich die Teams sicher. Worauf der Befehl zum Zugriff gegeben wurde.

Tatsächlich handelte es sich bei dem vermeintlichen Giovanni S. um einen weitgehend unbescholtenen Italiener, der die beiden Frauen mit seinem Wagen aus Italien in die Niederlande gefahren hatte. Trotzdem war der Zugriff kein völliger Fehlschlag. Zwar konnte Giovanni S. nicht gefasst werden, dafür aber der ebenfalls mit Haftbefehl gesuchte Guiseppe N. Er wurde nach Italien ausgeliefert. Der in diesem Fall vollkommen unschuldige andere Italiener wurde freigelassen – er wies übrigens nicht die geringste Ähnlichkeit mit dem gesuchten Giovanni S. auf.

Für uns war aber noch ein anderes Ergebnis dieser Aktion wichtig: Dass wir Guiseppe N. festnehmen konnten, ließ vieles dafür sprechen, dass auch Giovanni S. sich in der Region aufhalten könnte. Hinzu kam ein nur vordergründig nebensächliches Detail, das allerdings schnell seine wahre Wichtigkeit offenbaren sollte. Als die Wohnung von Giuseppe N. in Amsterdam untersucht wurde, fand man dort nämlich eine Feinstaubplakette für ein deutsches Auto. Das war auf einen Italiener zugelassen, der aus Kalabrien stammte und in Frankfurt am Main wohnte. Genau dieser Halter war von der Mordkommission Mülheimer Straße bereits als eine mögliche Spur im Recherchetool rsCase angelegt worden. Noch am Abend nach den Morden von Duisburg hatte sich nämlich ein anonymer Anrufer bei der Polizei in Frankfurt am Main gemeldet. Er gab an, die Duisburger Täter würden sich in der Wohnung des Fahrzeughalters in Frankfurt aufhalten. Spezialeinsatzkräfte untersuchten daraufhin diese Wohnung, trafen dort jedoch nicht auf den Wohnungsinhaber. Ein Mitbewohner erklärte, dieser halte sich in Italien auf. Weitere Erkenntnisse hatte dieser Einsatz damals nicht gebracht. Es folgten nun verschiedene langwierige Maßnahmen, und im März konnte die Zielfahndung schließlich feststellen, dass sich der Halter des Fahrzeuges mit der Feinstaubplakette in Richtung der Niederlande bewegte. In Amsterdam angekommen, traf sich diese Person schließlich mit einem Cousin von Giovanni S. namens Francesco R. – auch er wurde mit einem internationalen Haftbefehl wegen Rauschgifthandels gesucht. Auf eine umgehende Festnahme wurde jedoch verzichtet – schließlich war zu vermuten, dass im Umfeld dieses Mannes der von uns gesuchte Giovanni S. zu finden sein würde, was sich am Ende als die richtige Vorgehensweise erweisen sollte.

Es wurden folglich weitere Observationen durchgeführt, und wie sich zeigte, hielt sich in einem Haus im Amsterdamer Stadtteil Diemen ein junges Paar auf, das ein etwa dreijähriges Kind bei sich hatte. Ein dreijähriges Kind also – Giovanni S. und seine Ehefrau hatten einen dreijährigen Sohn, das wussten wir bereits. Zudem konnte die weibliche Hälfte des Pärchens in dem Haus eindeutig als die Ehefrau von Giovanni S. identifiziert werden. Der Mann dagegen ließ sich nur sehr schwer identifizieren: Er ging nur mit einer Baseballkappe auf dem Kopf aus dem Haus, trug zudem längere und blond gefärbte Haare. Doch auch wenn eine einwandfreie Identifizierung nicht möglich war, handelte es sich bei diesem Mann mit hoher Wahrscheinlichkeit um Giovanni S., so dass schließlich am 12. März 2009 niederländische Sondereinsatzkräfte den Zugriff in der Wohnung der Familie durchführten.

In der Wohnung fanden sich außer dem gesuchten Giovanni S. zahlreiche Gegenstände wie eine Pistole vom Typ Beretta 92, Großraummagazine und Munition, eine schusssichere Weste sowie gefälschte Papiere. Daneben wurden nicht weniger als 570 000 Euro in der Wohnung gefunden – Giovanni S. behauptete später beharrlich, er habe dieses Geld durch das Pizzabacken verdient.

Die Festnahme des Giovanni S. zeigt, was eine sehr gute Zusammenarbeit bewirken kann – denn in diesem Fall war die Zusammenarbeit der italienischen, niederländischen und deutschen Dienststellen ausgesprochen gut. Aus deutscher Sicht war die Festnahme vor allem der Hartnäckigkeit der italienischen Ermittler und der professionellen Arbeit der Zielfahnder des Bundeskriminalamtes zu verdanken.

Doch es ging in diesem Fall nicht nur allein um die Festnahme, sondern auch um das, was danach geschehen würde. Darüber wurden intensive Gespräche geführt, mit dem Ergebnis, dass es für den Ausgang des gesamten Verfahrens das Beste sei, wenn die Staatsanwaltschaft in Italien die Anklage führen würde. Daher wurden die Festgenommenen wenig später nach Italien ausgeliefert.

Doch auch an diesem Punkt war der Fall der Mafiamorde von Duisburg für mich noch nicht endgültig erledigt. Denn immer noch gab es die schon mehrfach erwähnte Spur mit der Nummer 13. Bereits im September des Jahres 2007 und damit rund einen Monat nach der Tat war das schon erwähnte Rechtshilfeersuchen an die italienischen Ermittlungsbehörden gerichtet worden, in dem es um die Beschaffung der DNA eines Sebastiano N. ging. Der war in den Fokus geraten, da er sich laut früherer Telefonverbindungsdaten ab dem 14. Juli 2007 in Deutschland aufgehalten hatte. Zudem war Sebastiano N. nicht irgendwer, sondern der Schwager der im Jahr 2006 in Italien getöteten Maria S., außerdem war er der Taufpate des fünfjährigen Domenico, der bei dem Anschlag auf Maria S. ebenfalls schwer verletzt worden war. Doch trotz aller Bemühungen und trotz aller Ersuchen sollte es noch bis zum Beginn des Jahres 2010 dauern, bis diesem Mann endgültig die DNA-Spur mit der Nummer 13 zweifelsfrei zugeordnet werden konnte: Sie fand sich an Zigarettenkippen ebenso wie an benutzten Gläsern. Am 11. Februar 2010 schließlich wurde Sebastiano N. in San Luca festgenommen – zusammen mit drei Schwestern des Giovanni S., die der Unterstützung einer Mafiavereinigung beschuldigt wurden.

Mit Sebastiano N. und Giovanni S. hatten wir nun also drei Jahre nach der Tat die Schützen jener blutigen Nacht in Duisburg im August 2007 gefasst. Beide sind inzwischen zu lebenslangen Freiheitsstrafen verurteilt worden. Da man in Italien aber insgesamt drei Instanzenwege kennt, sind die Urteile bis heute noch nicht alle rechtskräftig.

DER POLIZIST ALS PENNER – EINE ETWAS ANDERE ERMITTLUNG

Wie ich schon erwähnt habe, sind mir nicht nur die umfangreichen Ermittlungen und aufsehenerregenden Straftaten in Erinnerung geblieben. Vielmehr sind es häufig vergleichsweise kleine Vorgänge, die sich mir dauerhaft eingeprägt haben – wie die Erpressung eines Imbissbesitzers aus Sri Lanka.

Dieser Mann wurde also erpresst: Er erhielt schriftlich die Aufforderung, eine Summe von damals mehreren Tausend Mark zu zahlen. Tue er das nicht, werde man ihm die Hütte abfackeln, wie es hieß. Die Erpresser hatten dem Imbissbesitzer zu dem Schreiben einen Lageplan geschickt, der die Örtlichkeiten der geforderten Geldübergabe verdeutlichen sollte.

Das alles fand in Duisburg-Ruhrort statt, und damit in einem Stadtteil, in dem die fiktive Figur des Horst Schimanski häufig ermittelte. Dort gibt es ganz real einen Marktplatz, auf dem seinerzeit eine Telefonzelle stand – hinter dieser Zelle sollte das Geldpaket abgelegt werden.

Der erpresste Imbissbetreiber war nun in heller Aufregung, und er hatte große Angst. Die von unserer Seite vorgenommene Gefährdungseinschätzung ergab, die Erpressung müsse auf jeden Fall ernst genommen werden. Wir wollten daher den Anschein erwecken, der Mann würde auf die Forderung der Erpresser eingehen.

Der Erpresste hat also bei einem weiteren Kontakt zu den Erpressern durchblicken lassen, er sei bereit, die angegebene Summe zu zahlen. Daraufhin wurde das geforderte Geldpaket an dem besprochenen Ort platziert – auch wenn sich darin kein echtes Geld befand.

Die Frage bestand nun darin, wie der gewählte Ort observiert werden konnte. Denn es handelte sich eben um einen öffentlich zugänglichen Platz, an dem immer zahlreiche Menschen unterwegs waren. Und es war zu klären, wie wir einen Zugriff würden durchführen können, falls tatsächlich eine Person das deponierte Paket abholen wollte. Schließlich ist in Polizeikreisen gerade bei Erpressungen bekannt, dass sehr viele Täter kalte Füße bekommen und abspringen, wenn ihnen irgendetwas verdächtig erscheint.

Ein Kollege sagte daraufhin, wir müssten eine Möglichkeit finden, uns in die Umgebung quasi einzubetten. Nun zählen zum Erscheinungsbild der Stadt Duisburg die Stadtstreicher, was schließlich zu dem Gedanken führte, jemand von uns solle sich als ein solcher verkleiden.

Dieser Jemand war am Ende natürlich ich. Zum Glück besaß ich noch einen ziemlich lädierten Parka, außerdem hatte mein Schwager in Russland gerade beim Aufbau einer Fabrik mitgeholfen und konnte mir daher eine passende Fellmütze borgen. Mit diesen Utensilien und einer mit Apfelsaft gefüllten Flasche Doppelkorn ausgerüstet habe ich mich in einem vorgeblich betrunkenen Zustand zwei Meter neben der Telefonzelle auf den Boden gelegt. Rund einen halben Tag lang habe ich daraufhin liegend die Rolle des betrunkenen Stadtstreichers ausgefüllt und konnte dabei exzellent die Telefonzelle beobachten, während ich außerdem mit meinen Kollegen verdrahtet war.

Es dauerte eine Weile, bis eine Gruppe Jugendlicher auftauchte und mich entdeckte. Die Jungs hatten allerdings eine ganz eigene Idee, wie mit einem Stadtstreicher umzugehen ist: Sie bauten eine Batterie leerer Bier- und Coladosen auf, mit denen sie eine Art fußballerisches Zielschießen auf mich veranstalteten. Natürlich konnte ich mir von so etwas meine Tarnung nicht zerstören lassen und ertrug scheinbar stoisch die Demütigung.

Zu meinem Glück tauchte nach kurzer Zeit eine ältere Dame auf, die das Treiben bemerkte und die Jugendlichen mit ihren Gehstock vertrieb. Als das geregelt war, verging noch einmal etwa eine Viertelstunde, bis ein junger, etwa 19-jähriger Mann das Areal betrat, der sich ausgesprochen stark für die Telefonzelle zu interessieren schien. Nach einer Weile griff dieser Mann dann zu dem deponierten Paket, von dem er glaubte, es würde das erpresste Geld enthalten – was allerdings nicht in dem erhofften Geldsegen, sondern in einer Verhaftung endete.

Wie sich jedoch anschließend herausstellte, handelte es sich bei diesem Mann um keinen Einzeltäter. Vielmehr gehörten zu der Erpressergruppe insgesamt drei Heranwachsende. Die drei jungen Männer waren, vielleicht nach dem Genuss von zu vielen Kriminalfilmen, auf die Idee gekommen, doch mal einen Imbissbesitzer zu erpressen. Es erwies sich dann aber doch nicht als ein so gut funktionierender Plan, wie es mancher Film glauben macht.

MIT *CSI* ZUM FAST PERFEKTEN MORD

Es ist übrigens gar nicht so ungewöhnlich, dass sich Straftäter von Filmen inspirieren lassen. Vielmehr habe ich in meiner aktiven Laufbahn Menschen erlebt, die sehr bewusst Sendungen mit dem Wunsch verfolgen, selbst Straftaten zu begehen.

Ich erinnere mich in diesem Zusammenhang vor allem an einen hochintelligenten jungen Mann. Dieser Mann hatte seine Freundin geschwängert. Als er jedoch von dieser Schwangerschaft erfuhr, sah er seine eigene Lebensplanung in Gefahr. Daraufhin dachte der Vater in spe wochenlang darüber nach, wie er seine Freundin umbringen könnte, ohne dabei aufzufallen. Seine Idee bestand letztlich darin, den perfekten Mord ausführen zu wollen – eine Tat, bei der er keinerlei Spuren hinterlassen würde. Damit das wirklich funktionierte, hat er Fernsehserien wie *CSI* regelrecht studiert. Dabei kam er dann zu dem Schluss, die Tat ließe sich am besten ausführen, indem er sich einen Spurensicherungsanzug überstreift und Latexhandschuhe an den Händen trägt. Dann, so seine Theorie, könne im Grunde nicht viel passieren, weil er so eben kaum beziehungsweise gar keine Spuren an einem Tatort hinterlassen würde.

Die Überlegungen zogen sich eine Weile hin, bis die inzwischen von ihm getrennte Frau bereits Mutter eines Säuglings mit dem Namen Julian war. Aus unterschiedlichen Gründen bat sie ihren Exfreund eines Tages, doch noch einmal bei ihr und dem gemeinsamen Sohn vorbeizuschauen. Dies tat sie offensichtlich in der Hoffnung, dass es möglicherweise doch noch mit der Wunschfamilie funktionieren würde. Der Exfreund wiederum hatte inzwischen die Tötung der Frau und des Kindes minutiös durchgeplant.

Zu dieser Planung zählte, dass er zu dem Besuch nicht mit seinem eigenen Auto aufbrach, vielmehr hatte er sich ein Motorrad geliehen, mit dem er spätabends zu der Wohnung der Exfreundin fuhr. Dort klingelte er an der Tür und führte anschließend laut seinen späteren Aussagen in einem der Wohnräume ein recht belangloses Gespräch mit ihr. Nach einer Weile bat er die Frau, ihm ein Getränk zu holen, wofür diese den Raum verließ. Diesen kurzen Augenblick nutzte der Mann dazu, wie geplant die Latexhandschuhe überzuziehen, um keine Spuren zu hinterlassen. Wenig später kam es zu der eigentlichen Tat: Der Mann erstach seine Exfreundin und Mutter des gemeinsamen Sohnes mit einem Messer. Die besondere Grausamkeit der Tat bestand darin, dass der Täter anschließend auch noch zu dem wehrlosen Säugling ging und diesen ebenfalls durch Stiche in den Halsbereich tötete.

Allerdings hatte der Mann mit einem Umstand nicht gerechnet: Das Kind war nämlich vom plötzlichen Kindstod bedroht und aus diesem Grund an eine Überwachungsvorrichtung angeschlossen. Diese Apparatur ist so entworfen, dass sie sofort ein Alarmsignal abgibt, wenn bei einem überwachten Säugling der Pulsschlag nicht mehr messbar ist.

Als der Täter das Kind erstochen hatte, wurde daher genau dieser Alarm ausgelöst. In der Zwischenzeit hatte der junge Mann allerdings die Handschuhe bereits wieder abgelegt. Der unerwartet ausgelöste Alarm schreckte ihn nun so auf, dass er alles unternahm, um den damit verbundenen Lärm wieder abzustellen. Er fasste daher unter anderem einen Stecker an und versuchte vergeblich, die Stromquelle zu unterbrechen. Als dies nicht gelang, verließ er Hals über Kopf die Wohnung.

Da er die Tat so minutiös vorab geplant hatte, lag in der Wohnung der Frau ein Schreiben, mit dem er den Verdacht auf eine andere Person aus dem Bekanntenkreis der Getöteten lenken wollte. Nach der Auffindung der beiden Leichen wurden von uns natürlich alle Personen vernommen, zu denen das Mordopfer Kontakt gehabt hatte. Auch der wahre Täter zählte zu diesem Kreis, allerdings ergab sich aus der Vernehmung noch kein wirklicher Tatverdacht, so dass der Mann zunächst wieder entlassen wurde.

Dann aber half uns ausgerechnet der Täter selbst bei der Aufklärung des Falles, allerdings ohne es zu wollen: Der junge Mann verlor die Nerven und gestand eines Abends seiner Mutter die Tat. Da es sich um einen sehr intelligenten Menschen handelte, war ihm zu diesem Zeitpunkt bereits klar, wir würden vermutlich ohnehin auf ihn kommen, da er ja am Tatort Spuren hinterlassen hatte, als er den Alarm abzustellen versuchte. Die kriminaltechnische Untersuchung der Spuren allerdings stand zu diesem Zeitpunkt noch aus, wir kannten also die Spuren noch gar nicht.

Daher rechne ich es der Mutter sehr hoch an, dass sie sich tatsächlich mit uns in Verbindung setzte und ihr Wissen über das Geständnis ihres Sohnes mit uns teilte. Der Sohn allerdings blieb später auch im weiteren Verhör eiskalt und machte quasi eine Kosten-Nutzen-Rechnung auf: Er hat den Tod der Frau und des Säuglings damit zu begründen versucht, beide hätten ihm ja die persönliche Lebensplanung kaputtgemacht. Es handelte sich um einen Menschen, der absolut narzisstisch geprägt war und alles nur auf sich bezogen hat, ohne dabei auch nur einen Gedanken an seine Opfer zu verschwenden. Das Einzige, was dieser Täter wirklich bedauerte, war die Tatsache, dass durch die Tat nun eben auch sein Leben zerstört war. Wie gesagt handelte es sich abseits dieser Tatsachen um einen hochintelligenten jungen Mann, dem im Grunde alle Türen in der Gesellschaft für seinen weiteren Lebensweg offengestanden hätten – hätte er sich nicht zum Herrscher über Leben und Tod aufgeschwungen.

EIN TRAURIGER REKORD: FÜNF GETÖTETE KINDER IN EINEM JAHR

Der Fall des getöteten Säuglings und seiner Mutter ist mir sicher auch wegen seiner Grausamkeit und der Gefühllosigkeit des Täters in Erinnerung geblieben. Doch dass Kinder auf solche oder ähnliche Weise umkommen, das ist leider nicht wirklich ungewöhnlich. So hielten wir gerade in Duisburg einen sehr traurigen Rekord, als wir allein im Jahr 2005 fünf getötete Kinder registrieren mussten. Ich kenne keine andere Polizeibehörde in Deutschland, die in einem so kurzen Zeitraum so stark von solchen Fällen betroffen war wie wir.

Zu den getöteten Kindern zählten zwei noch namenlose Säuglinge, die unmittelbar nach der Geburt wie Müll weggeworfen worden waren. Ebenfalls ermordet wurden die neunjährige Selina, der sieben Monate alte Colin sowie die vier Jahre alt gewordene Natalie. Diese Fälle machen das Jahr 2005 für alle an den Ermittlungen beteiligten Beamten zu einem Jahr, das niemals vergessen werden kann.

Schon im März jenes Jahres bekamen wir die Meldung, in der Stadt Moers hätten Kinder auf einem Spielplatz mit einem herrenlosen Rucksack Fußball gespielt – allerdings nur bis zu dem Moment, in dem ihnen ein winziges Kinderärmchen auffiel, das aus dem Rucksack heraushing. Als die Kinder das erkannten, rannten sie sofort zu ihren Eltern, die daraufhin umgehend uns als Kriminalpolizei alarmierten. Wir mussten schließlich feststellen, dass sich in dem Rucksack die bereits stark verweste Leiche eines Säuglings befand. Es folgten mehrere Wochen intensivster Ermittlungsarbeit.

Als wir uns den Spielplatz und seine Umgebung genauer anschauten, stellten wir unter anderem fest, dass es sich bei dem Areal im Grunde um einen abgeschlossenen Siedlungsbereich handelte. Das Gebiet grenzte zum Beispiel weder an eine Autobahn noch an eine Schnellstraße, von der eventuell ein Täter abgefahren sein konnte, um die Leiche abzulegen. Vielmehr sprach vieles dafür, dass der Täter oder die Täterin aus dem örtlichen Umfeld beziehungsweise der angrenzenden Siedlung stammen könnte.

Wir haben zunächst einmal die Leiche rechtsmedizinisch untersuchen lassen. Diese Untersuchung ergab vor allem eines: Der Säugling war lebensfähig gewesen, vor allem die belüftete Lunge war ein Indiz dafür, dass das Kind tatsächlich gelebt hatte. Besonders interessant aber war eine sogenannte Fettwachsschicht, die sich am Körper des Säuglings erkennen ließ. Fettwachs kommt dann zustande, wenn sich das körpereigene Fett infolge hoher Luftfeuchtigkeit in Kombination mit einem Sauerstoffmangel umwandelt. So etwas findet sich zum Beispiel an Körpern, die in einer Plastiktüte verpackt in einem kühlen Keller liegen. Ich selbst kannte mich zu jener Zeit mit derartigen Vorgängen noch nicht so gut aus, sondern musste mich erst einmal durch das Lesen von medizinischer Fachliteratur und entsprechenden Abhandlungen schlaumachen. Tatsächlich aber sollte sich später ergeben, dass der tote Säugling offensichtlich in einem kalten Kellerraum verpackt in eine Plastiktüte sozusagen zwischengelagert worden war.

Wir haben uns daraufhin natürlich überlegt, welche Möglichkeiten uns zur Verfügung standen, die Mutter des Kindes zu ermitteln. Auch bei solchen Fragen spielt die rechtsmedizinische Untersuchung eine wesentliche Rolle, denn es geht auch darum, ob noch etwas von dem Mutterkuchen oder der Nabelschnur zu finden ist oder ob wir nur den toten Säugling haben. Je nachdem, welche Voraussetzungen gegeben sind, können wir unterschiedliche Schlussfolgerungen in Zusammenhang mit der DNA ziehen.

Wir haben versucht, durch Nachbarschaftsbefragungen und eine Öffentlichkeitsfahndung an Hinweise zu kommen – was allerdings zu keinen Ergebnissen führte. Zusätzlich haben wir unter anderem Gynäkologen befragt, ob sich jemand an eine Frau erinnern konnte, die als Mutter des Säuglings infrage kam, doch auch das brachte keinerlei Fortschritte. Schließlich haben wir eine Art Raster entworfen, um junge Frauen in einem gebärfähigen Alter in Hinblick auf ihre DNA zu überprüfen. Das führte in einer ersten Phase zu einer Gruppe von 500 Frauen, in einer zweiten Phase waren es dann noch einmal 700 Frauen. Letzten Endes aber verliefen diese Massen-DNA-Tests negativ – wir hatten also keinen Treffer.

Nach einigen Tagen meldete sich dann das Standesamt mit der Frage nach der Freigabe des Leichnams, da der Säugling ja beerdigt werden musste. Wir haben in Zusammenarbeit mit der Stadt Moers alles unternommen, damit das Kind ein würdiges Grab bekam. Als schließlich der Tag der Beerdigung kam, waren wir mit der Mordkommission nahezu komplett vor Ort – alle Kollegen fühlten mit dem Kind, niemand musste zum Beispiel extra motiviert werden, die Ermittlungen durch Überstunden voranzutreiben.

Wir haben uns damals überlegt, dass sich die Mutter eines Säuglings vielleicht zumindest für die Grabstätte ihres verstorbenen Kindes interessieren würde, was schließlich nach der Beerdigung in einer Videoüberwachung der Grabstätte mündete. Unsere Hoffnung bestand darin, dass uns auf den Aufnahmen eventuell eine Frau durch ein ungewöhnliches Verhalten auffallen würde. Die Realität allerdings war eine andere, und sie war für uns sehr überraschend. Auf den Aufnahmen erkannten wir nämlich zig Frauen, die man als verhaltensauffällig bezeichnen konnte. Es tauchten zum Beispiel junge Frauen mit einem Teddybären auf, die sich über das Grab beugten, Weinkrämpfe bekamen und auf dem Grab schließlich zusammenbrachen. Bei der Überprüfung stellte sich jedoch heraus, diese und andere Frauen standen mit dem Fall in keinerlei Verbindung. Sie waren vielmehr vom Schicksal des Säuglings äußerst berührt und hatten, voll von Mitgefühl, das Bedürfnis verspürt, das Grab zu besuchen und zum Teil kleine Geschenke zu hinterlassen.

Die Kindesmutter selbst jedoch hat das Grab nicht besucht. Mittlerweile weiß man durch wissenschaftliche Untersuchungen, dass ein Besuch des Grabes nach Kindstötungen auch nicht die Regel ist. Denn solche Frauen bauen im Grunde eine Mauer zwischen sich und dem Kind auf, verdrängen sowohl die Tat als auch das bloße Existierthaben eines Säuglings vollkommen. Sie haben nach der Tötung mit dem Kapitel innerlich abgeschlossen und wollen sich nicht mehr damit befassen, indem sie etwa die Grabstätte aufsuchen.

Trotzdem haben wir natürlich unsere Ermittlungen fortgesetzt und haben dann schließlich bei der 1074. Frau im Rahmen unserer DNA-Untersuchungen einen Treffer gelandet. Noch einmal zur Verdeutlichung in Worten: bei der eintausendvierundsiebzigsten Frau. Interessant ist dabei ein Umstand: Wir hatten zuvor allen Kollegen der Mordkommission eingebläut, nur eindeutig identifizierte Personen mit gültigem Personalausweis den Speicheltest durchführen zu lassen. Alle Frauen hingegen, bei denen die Identität vor Ort nicht einwandfrei zu belegen war, wurden vorerst wieder weggeschickt, um etwa von daheim dann doch noch ein gültiges und zweifelfreies Ausweispapier zu besorgen. Das hat sich letztlich als eine absolut richtige Vorgehensweise erwiesen. Denn wie wir am Ende feststellen mussten, hatte die Mutter des getöteten Säuglings zunächst eine andere Person zu dem DNA-Test geschickt – mit ihren Ausweisdaten. Es handelte sich um eine nahe Verwandte, die versuchte, unter dem Namen der tatsächlichen Täterin eine Speichelprobe abzugeben. Nur erkannten die Kollegen eben Unstimmigkeiten bei der Identifizierung und lehnten die Probe daher ab.

Daraufhin erhielt die tatsächliche Mutter des Säuglings von uns eine schriftliche Aufforderung, nun wirklich persönlich zu dem Speicheltest zu erscheinen – anderenfalls bekomme sie zu Hause Besuch von der Polizei. Sie gab daraufhin tatsächlich jene Speichelprobe ab, die wir dann Tage später als die der Kindesmutter erkannten.

Nach ihrer Festnahme gab die Frau allerdings an, das Kind hätte nach seiner Geburt keine Lebenszeichen von sich gegeben. Das Problem für uns bestand nun darin, dass die schon angesprochene belüftete Lunge des Säuglings zwar ein Indiz dafür darstellte, dass dieser tatsächlich gelebt hatte. Nicht zuletzt wegen der stark fortgeschrittenen Verwesung war es jedoch kaum möglich, den für eine Verurteilung notwendigen Nachweis zu erbringen, die Mutter habe den Tod etwa durch mangelhafte oder unterlassene Versorgung verschuldet. Natürlich kann ich als Polizist aus den vorliegenden Fakten meine eigenen Schlüsse ziehen. Das besagt jedoch nichts darüber, wie die spätere Gerichtsverhandlung endet. In diesem Fall wurde das Verfahren gegen die junge Mutter schließlich eingestellt.

Doch damit war das Thema für uns noch nicht beendet. Im Rahmen der Ermittlungen hatten wir nämlich auch andere Mütter überprüft und dabei Fälle entdeckt, in denen eine Frau schwanger gewesen sein sollte, die Schwangerschaft dann jedoch beendet schien, ohne dass es ein Kind gab. Natürlich kann es für einen solchen Fall unterschiedlichste Ursachen geben. Wir stießen im Rahmen der Ermittlungen jedoch auf eine Frau aus dem Ort Bocholt, die nach der Geburt ihres Kindes nach Berlin gefahren war und den Säugling dort in einen Mülleimer gesteckt hatte. Dieses Kind beziehungsweise seine Leiche ist nie wieder aufgetaucht, weil es wahrscheinlich in Berlin in einer Müllverbrennungsanlage gelandet ist.

So etwas ist natürlich schrecklich. Doch die nicht widerlegte – und unter solchen Umständen auch nicht mehr widerlegbare – Behauptung, ein Kind habe nach seiner Geburt nicht gelebt, reicht nicht aus, um es zu einer Verurteilung kommen zu lassen. Das Entsorgen der Leiche in einem Mülleimer oder an anderer Stelle wird in einem solchen Fall nur als Ordnungswidrigkeit geahndet. So sagt es das Gesetz.

Doch es gab zu jener Zeit eben noch mehr erschreckende Fälle, bei denen Kinder im Mittelpunkt standen. So wurde eines Tages der Notarzt in eine Wohnung in einer Hochhaussiedlung gerufen, wo er den toten

Säugling Colin T. fand. Dessen winziger Körper wies 38 Hämatome auf, auch Knochenbrüche wurden festgestellt. All diese Verletzungen allerdings hatten nicht zum Tode geführt, die Eltern hatten das Kind vielmehr einfach verdursten lassen. Der kleine Colin hatte also in den wenigen Monaten seines Lebens eine unglaubliche Leidensgeschichte durchmachen müssen – was sich durch eine weitere Tatsache belegen lässt: Der tote Säugling wog zum Zeitpunkt des Auffindens weniger als bei seiner Geburt. Die Eltern hatten ihren Sohn also regelrecht verrecken lassen.

Wir haben diese Eltern natürlich zu uns geholt und beide als Beschuldigte vernommen. Am Ende wurden Mutter und Vater zu einer jeweils mehrjährigen Freiheitsstrafe verurteilt.

Doch mit diesem Fall riss die Serie getöteter Kinder im Jahr 2005 noch immer nicht ab. Denn es gab außerdem noch den Fall der neunjährigen Selina E., die von ihrer verhaltensgestörten Mutter zum Rhein gebracht und dort ertränkt wurde. Die Leiche des Kindes hat die Mutter in die Strömung gestoßen, die den Körper mit sich riss. Hintergrund dieser Tat waren Sorgerechtsstreitigkeiten der Mutter mit ihrem ehemaligen Gatten. Dahinter wiederum verbirgt sich ein bekanntes Phänomen: Mancher Elternteil sagt sich in so einem Fall nämlich, das Kind solle niemandem gehören, wenn es nicht ihm oder ihr gehören darf. Diese Denkweise lernt man bei der Arbeit in einer Mordkommission über die Jahre immer wieder kennen.

Der betreffende Fall wies an sich nicht viele Rätsel auf, auch wenn es zumindest zeitweise Zweifel an der Schuldfähigkeit der Mutter gab. Erschütternd allerdings waren die Umstände des Auffindens der Leiche. Denn der Körper der Selina E. wurde am 6. Dezember des Jahres in

Holland angeschwemmt – am Nikolaustag also. In Holland nun gibt es den Brauch beziehungsweise Glauben, der dort *Sinterklaas* genannte Nikolaus komme aus Spanien übers Wasser und werde mit einem Dampfschiff eintreffen. In den Häfen warten daher jedes Jahr an diesem Tag dem Brauch gemäß Kinder in großer Zahl auf seine Ankunft. Das war auch an jenem 6. Dezember 2005 der Fall – was aber anstatt des *Sinterklaas* tatsächlich aus dem Wasser auftauchte, das war der Körper der ertränkten Selina M.

Doch selbst dieser erschreckende Leichenfund beendete für uns noch nicht die Serie der getöteten Kinder im Jahr 2005. Hinzu kam noch der Fall der kleinen Natalie, deren Körper von dem neuen Mann ihrer Mutter verscharrt wurde.

Diese vierjährige Natalie war ein aufgewecktes Mädchen, das einer flüchtigen Beziehung, von denen die Mutter in ihrem Leben so einige unterhalten hatte, entstammte. Die Mutter war bereits einmal polizeilich in Erscheinung getreten, weil schon ein anderes ihrer insgesamt drei Kinder verstorben war, und zwar an plötzlichem Kindstod. Als Natalies Mutter erneut einen Mann kennenlernte, zog sie gemeinsam mit der Tochter sofort von ihrem bisherigen Wohnort in Norddeutschland zu ihrem neuen Freund, einem Straßenbahnwärter, in den Raum Duisburg. Gemeinsam zeugte man zügig noch ein weiteres Kind. Ab diesem Zeitpunkt begann die Leidensgeschichte der kleinen Natalie. Sie wurde bei jedem Anlass geschlagen, wurde in den Keller oder andere kalte und dunkle Räume gesteckt. Zusätzlich wurde sie dermaßen oft verprügelt, dass das Mädchen seinen Kopf nicht mehr gerade halten konnte. Insgesamt ist Natalie also auf grausamste Art und Weise misshandelt worden – die Einzelheiten sind wirklich unvorstellbar und können niemandem zugemutet werden.

Nachbarn wurden irgendwann aber doch auf das ständige Kindergeschrei aufmerksam, und sie verständigten das zuständige Jugendamt der Stadt. Dessen Mitarbeiter allerdings bemühten sich vergeblich, einen Elternteil zu erreichen – man machte ihnen gar nicht erst die Tür auf. Als die Mitarbeiter nicht mehr weiterwussten, wurde schließlich die Polizei informiert. Einem dieser Kollegen wurde ebenfalls nicht geöffnet, er hinterließ jedoch eine Nachricht, man würde gewaltsam in die Wohnung eindringen, wenn man von den Bewohnern nicht bald etwas höre.

Das wiederum machte den Stiefvater von Natalie und vermutlichen Haupttäter nervös: Er wurde schließlich tatsächlich bei der Polizei vorstellig und räumte den Tod des Kindes ein. Allerdings behauptete er zunächst, dieser Tod sei ein Unglücksfall gewesen. Natalie habe unbemerkt Medikamente ihrer Mutter geschluckt und sei daran dann gestorben. Er erzählte außerdem davon, es habe zunächst die Überlegung gegeben, die Leiche in einem Fass voll Säure zu entsorgen beziehungsweise sie so zu beseitigen. Weil das aber nicht wie gedacht funktioniert habe und der Mann sich im Umfeld des Autobahnkreuzes Kaiserberg auskenne, habe er sich dann entschlossen, den Körper in diesem Bereich zu verstecken.

Der Mann führte die Polizei daraufhin zu einem schwer zugänglichen Ort, wo unter rund 45 Zentimetern Erde der Körper der toten Natalie gefunden wurde. Mutter und Stiefvater wurden wegen der Tötung angeklagt, und beide wurden schließlich verurteilt – allerdings zu einem eher geringen Strafmaß. Es handelte sich um eines jener Urteile, bei denen ich nur den Kopf schütteln kann.

Dieser Fall und auch das besagte Urteil brachten für mich letztlich das Fass zum Überlaufen. Nicht nur ich, sondern auch andere Kollegen und ein damals aktiver Staatsanwalt sagten, es könne und dürfe einfach nicht sein, dass allein im Raum Duisburg in einem Jahr fünf Kinder getötet würden. Hinzu kam dann noch eine Veranstaltung, zu der ein Kinderarzt geladen hatte und bei der ebenfalls der Staatsanwalt und wir von der Polizei anwesend waren. Es wurde dabei unter anderem über die geschilderten fünf Fälle gesprochen, und man kam zu dem Schluss, dass bei uns in Deutschland in Sachen Kinderschutz doch immer noch einiges im Argen liege. Zu jenem Zeitpunkt gab es noch keine Vorsorgeuntersuchungen, vor allem aber fehlte jegliche Art von Informationsaustausch unter Ärzten zum Erkennen von sogenanntem Ärzte-Hopping, mit dem einige Eltern das häufige Auftreten von Verletzungen zu verschleiern versuchen. Wir sind daher auf besagtem Treffen zu dem Ergebnis gekommen, dass sich etwas ändern müsse.

Drei der getöteten Kinder des Jahres 2005 könnten noch leben, wenn der Kinderschutz in Deutschland zu jener Zeit besser funktioniert hätte. Zwei der Kinder wären im Rahmen der seit 2007 angebotenen Vorsorgeuntersuchungen aufgefallen und hätten daher noch aufgefangen werden können. Bei einem Kind wiederum hätte ein Informationsaustausch unter den Ärzten dazu führen können, dass es noch hätte gerettet werden können. Was wir jedoch neben den Vorsorgeuntersuchungen benötigen, das ist ein Austausch der Ärzte untereinander. Es kann nicht sein, dass Eltern ihre Kinder misshandeln und dann von einem Arzt zum nächsten wechseln oder abends in einer Notfallambulanz auftauchen, nur weil sie nicht zu ihrem eigentlichen Kinderarzt gehen wollen – weil dort eben die Spuren der Misshandlungen sofort auffallen würden.

Daher haben wir uns seinerzeit dazu entschlossen, dass wir als Polizei, Staatsanwaltschaft und eben auch Kinderärzte gemeinsam versuchen wollen, ein Informationszentrum ins Leben zu rufen, das dafür sorgen soll, dass die Ärzte sich untereinander austauschen. Dieses Informationssystem erhielt den Namen »Riskid« und es wurde im Jahr 2007 dann auch tatsächlich gegründet und hat sich bis heute bestens bewährt. Das ändert aber nichts an der Tatsache, dass der Kinderschutz bei uns in Deutschland nach wie vor auf verlorenem Posten steht. Die Politik reagiert immer dann, wenn wieder einmal Schreckliches in der Zeitung steht. Das alltägliche Elend und das stille Leid der Kinder werden meist von anderen Themen überlagert und in der Regel nicht wahrgenommen. Auch die Berichterstattung unserer Medien spiegelt das wider: Spannende Geschichten über den Hund eines Prominenten finden manchmal mehr Platz in der Zeitung als ein getötetes Kind. Ein Armutszeugnis für unsere Gesellschaft!

SIE NENNEN ES EHRENMORD: MENSCHEN GESCHÄCHTET WIE TIERE

Die Tode der Kinder aus dem Jahre 2005 hätten wie gesagt unter anderen Umständen wohl verhindert werden können. Aber auch viele Menschen aus einer anderen Gruppe könnten noch leben – würde es nicht diejenigen geben, die ihnen ihren Lebensstil und ihre Freiheit nicht gönnen. Ich habe schon in einem der vergangenen Kapitel über eine Tat berichtet, die in den Bereich der sogenannten Ehrenmorde fällt. Doch leider begegnete mir dieser unsägliche Begriff ebenfalls nicht nur einmal in meiner Laufbahn.

Hinter dem Begriff Ehrenmord verbirgt sich der in Wahrheit wenig ehrenhafte Umstand, dass ein Mitglied einer häufig türkischstämmigen Familie getötet wird, da es gegen familieninterne Verhaltensregeln verstoßen hat. Meist handelt es sich bei dem Opfer um eine junge Frau, die sich traditionellen Vorgaben widersetzte, indem sie etwa westliche Kleidung trug oder auf andere Weise Traditionen verletzte beziehungsweise umging.

In einem Fall nun waren in einer Wohnung in der Schweiz die bereits stark verwesten Leichen zweier Menschen gefunden worden. Es handelte sich um eine Frau und einen Mann, beide Körper wiesen sowohl Schuss- als auch Stichverletzungen auf. Die tote Frau konnte anhand von Papieren als Zahide A. identifiziert werden, die mutmaßlich aus Duisburg-Rheinhausen stammte.

Der Vater dieser Frau war Kanbar A., ein Kurde und ausgewiesener Familienpatriarch alter Schule. Er war außerdem ein Krimineller, der seine Tage überwiegend in Zockerstuben verbrachte. Dieser Mann wurde nun von uns kontaktiert, konnte allerdings in der Wohnung der Familie nicht erreicht werden. Nachdem wir ihm dort eine Nachricht hinterlassen hatten, erschien er tatsächlich bei der Polizei und konnte anhand verschiedener gefundener Gegenstände seine Tochter eindeutig identifizieren. Nach dieser Prozedur fiel er mir regelrecht um den Hals und brach in Tränen aus. Die Polizei solle alles in ihrer Macht Stehende unternehmen, um den Mörder seiner Tochter ausfindig zu machen, forderte er uns auf.

Nun hatten aber die Kollegen aus der Schweiz uns auch ersucht, das familiäre Umfeld der getöteten Zahide A. zu beleuchten. Was wir taten, um dabei zu unserer Überraschung festzustellen, dass der Vater Kanbar A. ausgerechnet zum mutmaßlichen Zeitpunkt des Mordes nicht in Duisburg gewesen war, sondern sich in der Türkei aufgehalten haben sollte. Zum engsten Kreis der türkischen Großfamilie gehörten weiterhin Zahides Brüder Sadik und Mesud. Auch diese beiden sollten vernommen werden. Während Sadik bei Verwandten ausfindig gemacht werden konnte und zur Tatzeit bei diesen Verwandten gewesen sein will, war sein Bruder Mesud nicht greifbar. Mesud, so sagte man uns, sei derzeit ebenfalls in der Türkei, weil er sich dort für einige Tage bei der geschiedenen Frau des Kanbar A. aufhalte. Er würde sich bei der Polizei melden, sobald er wieder in Deutschland sei, informierte man uns. Wir haben daraufhin die gesamte Großfamilie weiter durchleuchtet. Dabei stießen wir schließlich auf die Information, die getötete Zahide A. sei bereits im Alter von nur zwei Jahren einem Cousin als Frau versprochen worden – auch Brautgeld sei damals schon geflossen.

Nun hält sich aber das echte Leben bekanntlich nicht immer an alte Pläne. Zahide A. verliebte sich vielmehr in Süleymann K., und beide fassten gemeinsam den Entschluss, Duisburg zu verlassen. Da Süleymann K. Verwandte in der Schweiz hatte, reisten beide dorthin und mieteten sich in dem Ort Niederscherli eine gemeinsame Wohnung. Die Planungen wie auch den tatsächlichen Umzug hatte das Paar vor der Familie geheim gehalten, dem jungen Glück stand also im Grunde nichts mehr im Wege.

Der Vater Kanbar A. gab sich während der späteren Vernehmungen als ein Mann, dem eher weniger an Traditionen wie dem frühen Eheversprechen liege. Er hätte, betonte er, nicht das Geringste dagegen gehabt, hätte seine Tochter einen anderen Mann als den versprochenen Cousin geheiratet, und er sei der Letzte, der seiner Tochter im Weg gestanden hätte.

Letzten Endes stießen wir im Rahmen der Ermittlungen jedoch auf erhebliche Konflikte innerhalb der Familie. Wir fanden auch heraus, dass sich das familiäre Umfeld des Mannes gekränkt fühlte, dem Zahide als künftige Gattin versprochen worden war. Wie wir außerdem hörten, war unter anderem das Brautgeld zurückverlangt worden, auch sei es zu einem Treffen in der Türkei gekommen, an dem neben dem Vater Kanbar A. ein Cousin von der Gegenseite teilgenommen habe. Bei diesem Treffen sei man übereingekommen, dass die Schande getilgt werden müsse, was wiederum nichts anderes bedeutete, als dass Zahide A. und Süleymann K. sterben sollten.

Wir haben uns anschließend mit einzelnen Mitgliedern der Großfamilie genauer beschäftigt und dabei herausgefunden, dass Zahides Bruder Mesud sich bei einer Verwandten aus Velbert ein Auto geliehen hatte – und zwar genau für den wahrscheinlichen Tatzeitraum. Über telefonische Nachfragen bei Freunden und Bekannten hatten Mesud und Sadik herausgefunden, dass ihre Schwester bei Süleymann in der Schweiz war. Daraufhin hatten sich beide mit dem geliehenen Auto in die Schweiz begeben. Dieses Auto wurde daraufhin beschlagnahmt und kriminaltechnisch untersucht. Zwischenzeitlich erhielten wir aus der Schweiz die Nachricht, man habe am Tatort fremde DNA feststellen können, außerdem wurden Blutspuren gefunden, die nicht den beiden Opfern zugeordnet werden konnten. Bei der Untersuchung des Wagens nun stellten wir an einem Verbandskasten ebenfalls minimale Blutspuren fest. Spuren, die sich später Mesud A. zuordnen ließen. Dieser hatte unmittelbar nach seiner Rückkehr aus der Schweiz drei verschiedene Geschichten in seinem Bekanntenkreis erzählt, wie er zu einer blutenden Verletzung gekommen war.

Die tatsächliche Ursache für die Verletzung allerdings war eine grausame: Er hatte seine Schwester und ihren Freund nicht nur erschossen und mit dem Messer verletzt, er hatte seine Schwester vielmehr regelrecht geschächtet. Diese Praxis kommt normalerweise nur beim rituellen Schlachten von Tieren zum Einsatz: Mit einem speziellen Messer wird die Kehle aufgeschnitten, so dass neben Luft- und Speiseröhre die Halsschlagader durchtrennt wird, um das Tier möglichst vollständig ausbluten zu lassen. Genau diese Prozedur vollzog Mesud A. am Tattag am Körper seiner Schwester. Allerdings funktionierten die Abläufe nicht so, wie es sich der Täter wohl vorgestellt hatte. Vielmehr verletzte er sich selbst schwer und trennte sich sogar eine Sehne durch. Diese Verletzung ließ er anschließend in einem Duisburger Krankenhaus behandeln. Dort hatte er erzählt, er hätte sich die Verletzung bei der Reparatur eines Autos zugezogen.

Nachdem wir Mesuds DNA-Spuren in der Wohnung und im Auto zugeordnet hatten, standen wir vor einem weiteren Problem: Mesud hatte sich nach seinem Klinikaufenthalt in Duisburg selbst aus dem Krankenhaus entlassen und war in die Türkei verschwunden. Sein jüngerer Bruder, dessen Spuren ebenfalls am Tatort und im benutzten Pkw nachgewiesen werden konnten, war ebenfalls unauffindbar. Beide wurden nun mit einem internationalen Haftbefehl zur Fahndung ausgeschrieben. Sadik konnte bald von Kollegen in Stuttgart festgenommen werden, wo er sich bei Verwandten versteckte. Die Kollegen aus Baden-Württemberg schoben ihn anschließend direkt in die Schweiz ab, wo er recht schnell zu lebenslanger Haft verurteilt wurde.

Der Haupttäter allerdings blieb vorerst weiter unauffindbar, bis wir ihn eines Tages telefonisch in einem bekannten Urlaubsort in der Türkei orten konnten. Wie sich herausstellte, hatte er sich dort in einer Ferienwohnung eingemietet, was wir den türkischen Kollegen mehrmals mitteilten. Letzten Endes wurde er dort dann ebenfalls festgenommen und später zu einer lebenslangen Haftstrafe verurteilt.

Einige Jahre später konnte auch der eigentliche Auftraggeber für die Tötung der beiden jungen Menschen überführt werden: Kanbar A. war von den eigenen Familienangehörigen in der Türkei so stark belastet worden, dass dies zu seiner Festnahme führte. So hat die Gerechtigkeit doch noch gesiegt.

SCHLUSSBEMERKUNG

Macht man die Arbeit bei der Kriminalpolizei so lange, wie ich es getan habe, dann führt das zu einem zeitweise etwas merkwürdigen Phänomen: Viele der überführten und verurteilten Täter begegnen einem irgendwann wieder, und zwar in Freiheit. Das gilt in einigen Fällen sogar für diejenigen, die zu lebenslanger Haft verurteilt worden sind. Denn dass jemand wirklich länger als fünfzehn Jahre in Haft bleibt, das stellt die absolute Ausnahme dar. All das hat zum Beispiel zur Folge, dass sich bei mir frisch aus der Haft entlassene Straftäter melden, um mich auf eine Tasse Kaffee einzuladen.

Ich erinnere mich in dem Zusammenhang besonders an einen Fall, in dem drei Brüder einen Mann auf der Straße getötet hatten. Auch hier stand im Grunde schon vor Haftantritt fest, dass wir nach deren Entlassung gemeinsam eine Tasse Kaffee trinken werden. Aus der Sicht der Täter vor allem, weil sie der Meinung waren, sie seien fair behandelt worden. Ich lasse mich auf solche Treffen hin und wieder sogar ein, weil ich etwa die Bemühungen einer Person respektiere, wieder in der Gesellschaft Fuß zu fassen. Wenn ich zum Beispiel mitbekomme, wie sich ein entlassener Häftling intensiv um eine Arbeitsstelle bemüht, dann bin ich der letzte Mensch, der dieser Person im übertragenen und tatsächlichen Sinne einen Handschlag verwehrt.

Die Gespräche bei solch einem Treffen drehen sich jedoch häufig weniger um das Jetzt, vielmehr geht es oft um die damalige Situation – wie es also damals überhaupt zu der Situation beziehungsweise der Tat gekommen ist. Meistens wird das Geschehen vom Täter als ein Fehler dargestellt, den er begangen hat.

Ein Beispiel wäre ein Fall, der in diesem Buch bereits Thema war, und zwar der, bei dem während eines Fußballspiels ein Schiedsrichter fast zu Tode geprügelt wurde und nur durch die Anwesenheit von Rettungskräften das Schlimmste verhindert werden konnte. Jahrzehnte später bin ich in eine andere Stadt versetzt worden und wurde dort zu einem Tatort gerufen, bei dem ein Lkw eine Rolle spielte. An diesem Tatort stand der Halter des Lkw, der mich plötzlich fragte, ob ich ihn denn nach all der Zeit noch wiedererkennen würde. Ich antwortete wahrheitsgemäß, ich würde ihn leider nicht erkennen – also bat ich den Mann, mir doch ein wenig auf die Sprünge zu helfen. Er erzählte mir daraufhin, er habe zu der Gruppe gezählt, die den Schiedsrichter damals angegriffen hatte. Und er erzählte auch, er sei für diese Tat zu vier Jahren Freiheitsstrafe verurteilt worden und dass das Urteil aus seiner Sicht genau richtig gewesen sei. Nachdem er seine Strafe abgesessen hatte, habe er sein Leben wieder in richtige Bahnen lenken können und dieses Leben in den Griff bekommen.

Es gibt aber natürlich auch ganz andere Fälle: Mancher überführte Täter zeigt mir den Mittelfinger, wenn ich ihm irgendwo begegne. Und dann gibt es natürlich noch jene, die nach ihrer Verurteilung zu mir sagen, irgendwann würden sie wieder aus der Haft entlassen werden und dann würden wir uns noch einmal wiedersehen – was natürlich als eine Drohung gemeint ist. Es gibt daher tatsächlich Personen, bei denen ich mir quasi einen Merker im Kopf gesetzt habe, wann sie wieder aus der Haft entlassen werden, und deren Termin ich dann auch wirklich im Hinterkopf behalte. Ebenso gibt es Fälle, in denen ich schon mal nachgefragt habe, wohin diese Personen entlassen werden. Es gab durchaus auch schon Wochen und Monate, in denen ich durchweg meine Pistole im Hosenbund bei mir trug und mich nach allen Seiten umschaute, bevor ich morgens meinen Wagen aus der Garage holte. Denn führt man Ermittlungen in Zuhälter-, Rocker- oder nicht zuletzt auch Mafiakreisen durch, dann ist man gut beraten, wenn man eine gewisse Vorsicht walten lässt. Ich persönlich bin deshalb bis heute in gewissen Situationen meiner Umwelt gegenüber etwas kritischer und achte genau auf Vorgänge beziehungsweise Vorkommnisse.

Insgesamt kann ich heute rückblickend behaupten, im Rahmen meiner Arbeit alle Facetten menschlichen Handelns erlebt zu haben. Ich weiß sehr wohl, wie abgrundtief schlecht Menschen sein können, trotzdem bin ich der Meinung, wir dürfen den Glauben an das Gute im Menschen nicht aufgeben – weil ich eben auch erlebt habe, wie einige Straftäter sich und ihr Leben später in eine positive Richtung veränderten.

Dennoch ist es auch so, dass ich Dinge erlebt habe, die, etwa in Bezug auf die Rohheit des Handelns, nicht nachzuvollziehen sind. Auch über Gemeinheit und Hinterlistigkeit muss mir niemand etwas erzählen. Es braucht mir niemand erklären, wie die Menschen wirklich sind. Das mag sich in der Zusammenschau wie ein Widerspruch anhören: dass ich auf der einen Seite sage, ich hätte die dunkelsten Facetten der Menschen erlebt, auf der anderen Seite aber meine, man darf den Glauben an die Menschen nicht verlieren. Doch der Widerspruch ist an sich gar keiner, diese Aussagen sind vielmehr das Ergebnis langer Erfahrung.

Früher habe ich immer betont, Sigmund Freud habe völlig recht mit seiner Behauptung, der Mensch sei von Natur aus schlecht. Im Laufe der Jahre jedoch wurde ich immer wieder eines Besseren belehrt. Denn ich habe gelernt, dass es eben durchaus Menschen gibt, zu denen wir aufblicken können, weil sie eine absolute Vorbildfunktion übernehmen. Sie übernehmen diese Funktion etwa in Bezug auf gesellschaftliche Verantwortung und nehmen sich selbst als Person dabei zurück.

Auf der anderen Seite habe ich in vielen Jahren als Ermittler eigentlich immer nur das Schlechteste im Menschen angenommen und lag damit bedauerlicherweise sehr oft richtig. Es ist einfach so, dass man durch den Beruf des Kriminalbeamten am Ende ganz anders tickt. Gehe ich etwa mit meiner Ehefrau spazieren und sehe eine Person an einem Auto stehen und in das Auto hineinsehen, dann fällt mir genau das sofort auf und ist verbunden mit der Überlegung, ob diese Person etwas im Schilde führt. Da kann es durchaus auch vorkommen, dass ich zu meiner Frau sage, sie solle kurz warten, weil ich das Geschehen noch einige Momente beobachten möchte – worauf mich meine Frau in der Regel mit der Frage konfrontiert, ob ich womöglich verrückt sei.

Dieser Beruf verändert den Menschen an sich. Das habe ich gerade in den ersten Jahren festgestellt, als ich erstmals mit Tötungsdelikten beschäftigt war. Da war es schon so, dass ich in gewisser Weise abgestumpft bin und aufpassen musste, das Gefühl für meine Mitmenschen nicht zu sehr zu verlieren. Für mich war es daher wichtig, mit einer Person verheiratet zu sein, die mir hin und wieder auch mal unangenehme Dinge – auch zu meiner eigenen Person – sagte, mir den Spiegel vorhielt und mich dazu veranlasste, auch mal über den eigenen Tellerrand zu schauen. Dafür bin ich meiner Frau auch heute noch dankbar. Überhaupt halte ich es für wichtig, sich mit Menschen zu unterhalten, die mit diesem Beruf nichts zu tun haben, und deren Meinung abzufragen. Schmort man hingegen nur im eigenen Saft, dann ist die Gefahr recht groß, dass etwas nicht in die richtige Richtung läuft. Das wiederum ist eine Tatsache, die auf viele Menschen zutrifft.

Meinen Studenten an der Fachhochschule versuche ich die Begeisterung für den Beruf des Kriminalisten nahezubringen und hoffe, dass das auch funktioniert. Ich für meine Person habe meinen Beruf geliebt, und wenn ich morgens aufgestanden bin, dann bin ich fast immer gerne zur Arbeit gegangen. Ich bin der festen Überzeugung, dass es kaum einen interessanteren und verantwortungsvolleren Beruf als den des Kriminalisten gibt.

ÜBER DEN AUTOR

Heinz Sprenger ist ein Kind des Reviers. Aufgewachsen in Mülheim an der Ruhr, zog es ihn 1971 zur Polizei. Über zwei Jahrzehnte leitete er Mordkommissionen in Duisburg und war von 2002 bis 2010 Leiter des Kriminalkommissariats 11 in Duisburg. Während seiner 45-jährigen Laufbahn klärte er u. a. die Duisburger Mafiamorde auf und bekämpfte erfolgreich den Rockerkrieg zwischen Hells Angels und Bandidos. Er ist Mitbegründer des Kinderschutz-Vereins RISKID und wurde 2009 vom Bund Deutscher Kriminalbeamter (BDK) mit dem Orden »Bul le mérite« ausgezeichnet.

Auch als **E-Book** erhältlich

192 Seiten
19,99 € (D) | 20,60 € (A)
ISBN 978-3-86883-476-5

Rainer Wendt

Deutschland in Gefahr

Wie ein schwacher Staat unsere Sicherheit aufs Spiel setzt

Ein schwacher Staat kann die Menschen nicht schützen, die in seinen Grenzen leben. Und deshalb muss Schluss sein damit, Deutschland weiter zu schwächen. Denn unser Land ist längst nicht mehr sicher, deshalb brauchen wir den starken Staat.

Rainer Wendt legt mit seinem Buch den Finger in zahlreiche Wunden. Er beschreibt Versäumnisse, die dazu führten, dass Täter heutzutage häufig besseren Schutz genießen als die Opfer. Er erklärt, warum der Staat sich bei der Bekämpfung von Verkehrssündern stark macht, aber im Kampf gegen Vergewaltiger, Totschläger oder andere Schwerkriminelle schwach bleibt. Außerdem nimmt er die Politik ins Visier, die immer erst dann einschreitet, wenn die Probleme unübersehbar geworden sind – etwa dann, wenn bereits 1,5 Millionen Schutzsuchende ins Land gekommen sind. Ein wichtiges Buch, das zeigt, wie sich Deutschland für die anstehenden Herausforderungen wappnen kann und muss.

riva